大學生情緒管理能力與心理健康

王飛飛 ◎ 著

序　言

　　大學校園是許多少年向往的地方，也是許多已經畢業的青年無比懷念的地方。教室裡的凝神思考，講臺上的高談闊論，草坪上的促膝談心，書桌旁的技藝切磋，小路邊的朗朗晨讀，球場上的酣暢揮汗……都是大學裡最難忘的回憶。在這裡，他們度過了自己人生中最美好的歲月，他們從不諳世事的孩子成長為社會中的一員；在這裡，他們度過了自己人生中最純粹的歲月，不像高中生活那樣充滿了升學的壓力，可以在知識的海洋中盡情地遨遊，可以跟同學盡情歡笑；在這裡，他們伸出了自主探索社會的觸角，大學校園已不是封閉的象牙塔，外面的世界以各種方式在大學生的心裡激盪起陣陣連漪。

　　當今世界科學技術飛速發展，國際競爭日趨激烈，中華民族已踏上偉大復興的徵程，創新驅動發展已成為必然，高等教育的重要任務之一就是培養幸福進取的勞動者和專門人才。大學生是國家的棟梁，是國家未來人才的主力軍，良好的心理素質是大學生成才的重要保證。大學生正處於青年期向成年期的轉變階段，處於逐步走向成熟、獨立的時期，一系列的人生課題需要去解決，如專業知識的儲備、智力潛能的開發、個性品質的優化、擇業的選擇、為將來的家庭生活做準備等。由於大學生的心理發展尚未完全成熟，自我調節和自我控制能力還不強，在處理學習、社交、愛情、擇業、挫折等複雜問題時，常常會內心矛盾衝突，出現煩惱、焦慮、苦悶等消極的情緒。加之大學生是社會生活中最敏感的群體，時代的變遷和衝擊在他們的心靈中引起的激盪最為明顯、最為強烈；現代社會競爭激烈，各種文化思潮的衝擊、多種價值觀念的衝突，使大學生需求過高但滿足相對不足，心理壓力大但排遣心理能力不足，心理刺激集中但轉移空間不足，這些矛盾都可能使他們產生心理問題或心理困擾。國內外的研究表明，大學生心理問題的發生率為10%～30%，心理障礙已成為大學生休學、退學、死亡的主要原因，心理健康問題成為大學生健康成長的主要障礙之一。

　　2004年，雲南大學校園發生了轟動全國的馬加爵殺害4名同學的刑事案

件。此案件由於作案者為大學生且出身卑微、手段殘忍，引起了社會各界的關注。馬加爵曾被評為「省三好學生」，於2000年就讀於雲南大學生化學院生物技術專業，其殺人的起因是打牌爭執：打牌過程中馬加爵認為同學的話傷害了自己的自尊心，轉而動了殺機，用極其殘忍的手段先後殺害了4名同學，而後逃竄，最後被抓捕。

2013年3月，復旦大學上海醫學院2010級碩士研究生林森浩將其做實驗後剩餘在實驗室內的劇毒化合物帶至寢室，注入飲水機槽，室友黃洋早上起床後飲水中毒，10天後醫治無效死亡。經警方查明，林森浩因生活瑣事與黃洋關係不合、心存不滿，林森浩對黃洋的不滿日積月累以致最後做出瘋狂舉動。林森浩最終於2015年被判處死刑。

......

以上大學校園的悲劇案例令人扼腕嘆息！另外，全國範圍內各學校每年因為各類心理原因選擇結束自己生命的自殺學生人數一直不容小覷！

每位大學生都會經歷豐富多彩的校園生活——挫折與成功、悲傷與喜樂、自卑與驕傲、苦楚與歡笑、酸澀與甜蜜，情緒對大學生的心理健康有著重要的影響。情緒是個體行為的重要驅動力，它影響著人們認知活動的方向、行為的選擇、人格的形成以及人際關係的處理。處在青年期的大學生，心理上正經歷著急遽的變化，情緒起伏波動大，情感體驗豐富、複雜，容易陷入情緒困境。這一特點必然會影響到大學生學習、生活等各個方面，長期持續的情緒不良會危害大學生的身心健康。

國務院印發的《2010—2020年國家中長期教育改革和發展規劃綱要》中明確提出「加強心理健康教育，促進學生身心健康、體魄強健、意志堅強」，各高校都專門成立心理諮詢室，配備心理諮詢老師，建立大學生心理檔案。從政策文件的頒發和各高校的行動中，不難看出國家及相關部委、各高校對大學生的心理健康教育非常重視，力圖大力推進心理健康工作，促進大學生的身心健康。

因此，本研究關注大學生的心理健康，以情緒管理能力為切入點，構建大學生情緒管理能力的結構維度，力求編製出符合大學生實際情況，具有較高信效度的情緒管理能力測量問卷，以考察大學生情緒管理能力的現狀、存在的問題、問題產生的原因，以及大學生情緒管理能力與心理健康的關係，並提出相應干預對策，同時採用質性研究的方法，探討大學生情緒管理能力與心理健康的影響因素，這對於提高大學生的心理健康水平有著極為重要的社會現實意義。

目　錄

第一章　大學生情緒管理與心理健康的綜述 ／ 1

　　第一節　情緒管理能力研究概述 ／ 1

　　第二節　大學生心理健康研究概述 ／ 24

　　第三節　情緒管理與心理健康的關係研究概述 ／ 37

　　第四節　已有研究述評 ／ 40

第二章　理論依據與研究構想 ／ 42

　　第一節　理論依據 ／ 42

　　第二節　研究構想 ／ 45

　　第三節　價值與創新 ／ 46

第三章　大學生情緒管理能力問卷的編製 ／ 48

　　第一節　初始問卷維度與題項的確定 ／ 48

　　第二節　初始問卷的施測與分析 ／ 50

　　第三節　大學生情緒管理能力正式問卷的形成 ／ 55

第四章　大學生情緒管理能力測評 ／ 59

　　第一節　大學生情緒管理能力正式問卷信效度檢驗 ／ 59

　　第二節　測量對象與測量工具 ／ 60

　　第三節　結果分析與評價 ／ 61

第五章　大學生心理健康水平測評 ／ 74

　　第一節　測量對象與測量工具 ／ 74

第二節　大學生心理健康調查結果與全國常模的比較 ／ 75

　　第三節　大學生心理健康特點 ／ 77

第六章　情緒管理能力影響大學生心理健康的量化分析 ／ 81

　　第一節　相關分析 ／ 81

　　第二節　迴歸分析 ／ 84

　　第三節　大學生情緒管理能力與心理健康的關係 ／ 87

　　第四節　量化分析研究結論 ／ 88

第七章　情緒管理能力影響大學生心理健康的質性研究 ／ 90

　　第一節　質性研究的過程 ／ 91

　　第二節　自我意識覺醒程度是情緒管理的關鍵因素 ／ 95

　　第三節　自我悅納是情緒管理的重要前提 ／ 98

　　第四節　指向過程的情緒管理策略 ／ 99

　　第五節　自我意識覺醒悖論、愛的缺乏和健康中產家庭的優勢 ／ 102

參考文獻 ／ 108

附錄1　大學生情緒管理能力開放式問卷 ／ 123

附錄2　大學生情緒管理能力問卷（初測卷） ／ 125

附錄3　大學生情緒管理能力問卷（正式卷） ／ 131

附錄4　SCL-90症狀自評量表 ／ 134

後記 ／ 138

第一章　大學生情緒管理與心理健康的綜述

第一節　情緒管理能力研究概述

情緒管理是一個既古老又時新的話題。傳統的中國中醫中有「怒傷肝，憂思傷脾」的觀點，反應了樸素的情緒調節管理影響身心健康的認識；在西方，有「保持頭腦冷靜的人才能成功」「讓你的情緒作你的向導」等古老諺語，反應了西方哲學家們對情緒管理的關注；在當代，也流行著這樣一些觀點——「一個人若要成功，80%來自情商」「請平和地對待孩子，最偉大的教育是媽媽的情緒」。然而，情緒管理作為心理學相對獨立的研究領域，最早起源於20世紀80年代。以下將從情緒的定義、功能、情緒管理的定義及其過程模型等方面對相關研究進行綜述。

一、情緒

個體的情緒通過影響決策、行為的方式影響問題解決的進展，如果情緒在適當的時間點、以合乎情景的強度和合理的方式呈現，則能夠提升個體的心理水平和解決問題的能力，改善個體與他人之間的人際關係，最終促進社會文明。情緒管理是社會文明的重要組成部分。與之相反，如果情緒在不當的時間點，以不合時宜的強度或不為接受的方式呈現，則會導致個體的不良心理狀態、人際交往的問題和社會衝突的產生。大學生在與同學、室友、戀人、陌生人等相處過程中，不可避免地會發生一些誤會或者衝突，並產生各類情緒，如果不能採取適應性的情緒反應方式，或者情緒反應的強度與情境匹配不佳，則可能導致大學生與他人之間、與組織之間出現溝通不暢，進而引發各類問題的

升級。

情緒和情緒管理如此重要，要想瞭解情緒管理，其基礎工作是將管理的對象——情緒進行庖丁解牛般的分析。

(一) 情緒的定義

1884年，美國心理學奠基人威廉姆斯（William James）曾撰寫文章討論情緒是什麼，如今幾百年過去了，當代的心理學家們仍然在討論這個話題。有人曾拿「時間」的定義與「情緒」的定義作比較來說明對情緒進行定義的難度：每個人都在切身地感受時間，但是卻無法精準地定義時間；每個人都在切身地體驗情緒，卻也無法精準地定義情緒。然而，還是有許多學者試圖定義情緒。比較常見的定義方式如下：情緒是推測出的對刺激的複雜反應系列，包括認知評價、主觀改變、自主神經、行為衝動和行為（Plutchik, 1982）；情緒是一種對外部刺激事件產生的普遍性和功能性反應，臨時整合生理、認知、現象學和行為的通道，以便於在當前情景中採取強適應性和環境塑造性的反應（Keltner & Shiota, 2003）；情緒是對一系列主觀認知經驗的通稱，是多種感覺、思想和行為綜合產生的心理和生理狀態，包含語言、生理、行為和神經機制互相協調的一組反應。① 人類的情緒也來自物競天擇和優勝劣汰，來自生物性能的演化，有著深刻的進化意義上的功能。遠古的時候，情緒可以為人類的生存所面臨的問題提供解決的方法，比如當有猛獸來臨時就產生恐懼情緒並決定拔腿而逃，當有敵人試圖占領領地時就生氣憤怒，睜大雙眼、怒發衝冠以嚇跑敵人。所以，情緒是生理反應和主觀感受的綜合，同時也是有目的地進行社會表達的方式，情緒是複雜多元的綜合。②

情緒源於情境性意義，即個體進入某一情境後，該情境對於個體的意義正負性和意義的強度大小。意義的正負性來自於該情境與個體目標的匹配程度——如果情境的意義與個體的目標相匹配，則產生正性情緒；如果不匹配，則產生負性情緒。意義強度大小來自於這個目標在個體自我意識中占據的位置——如果處於自我意識的中心地位，則情緒的強度大；如果目標處於自我意識中的外圍位置，則情緒的強度較弱。如四位大學生同住一個宿舍，甲同學第二天早上要參加考試，但是晚上十二點了其他三位同學還在聊天，絲毫沒注意到甲已經早早上床準備休息，在嘈雜吵鬧的環境下輾轉反側無法入睡。當前情

---

① Fox, Elaine. Emotion science: An integration of cognitive and neuroscientific approaches [M]. New York: Palgrave MacMillan, 2008: 16-17.

② Izard, C. E. Four systems for emition activation: Cognitive and noncognitive development [J]. Psychological Review, 1993, 100: 68-90.

景與甲同學的目標——第二天想要順利通過考試不匹配，因此給甲帶來負性情緒，甲會感到生氣。如果第二天早上的考試對於甲來說不太重要，那麼甲可能會輕聲抱怨幾句，如果這個考試對於甲來說非常重要，那麼甲可能會比較憤怒。

情緒現象本身是包含多方面的，包括主觀體驗、行為反應、神經生理系統變化等（Mauss，等，2005）。在情緒發生的時候，以下五個方面幾乎同時協調進行。[1]

（1）認知評估：注意到外界發生的事件或人物，認知系統自動評估該事與個體目標的匹配程度，因而根據匹配程度觸發情緒反應的正負。如親人過世，認知系統把此事評估為重大負面事件。

（2）身體反應：身體自動反應從而使主體適應這一突發狀況，驅趕危險物或者遠離危險物，趨利避害。如被人激怒，血壓會上升，臉漲紅，又如意識到親人的死亡已經無法挽回，當事者神經系統覺醒度降低，全身乏力，心跳頻率變慢，甚至有可能昏厥。

（3）感受：人們體驗到的主觀感情。如在親人過世後，當事者的生理和心理都產生反應，這些反應統稱為「悲傷」。

（4）表達：面部和聲音變化表現出當事者的情緒，這是為了向周圍的人傳達情緒主體對一件事的看法及其行動意向。如看到親人過世，主人深鎖雙眉，嘴角向下，哭泣，這就是悲傷。對情緒的表達方式既有人類的共性，也有各地文化差異導致的獨有的成分。[2]

（5）行動的傾向：情緒會產生行為的動機。例如親人過世後，為避免睹物思人會將親人的物品打包收藏，選擇搬家，或者希望找人傾訴，憤怒的時候會捶桌子、摔東西，甚至產生攻擊性行為等。這些行為都是個體趨利避害的行為表徵，搬離過世親人的居住地是為了迴避、逃離悲傷情緒產生的情境源；憤怒的時候產生攻擊性行為是為了威懾危險刺激源。

綜合情緒的源頭和情緒的反應，可以得出情緒的情態模型（Modal Model）（如圖1-1所示）。個體進入情境，注意到情境中的部分元素，對該情境進行評估，包括對情境的熟悉度、效價及相關價值進行評價（Ellsworth & Scherer，

---

[1] Scherer, K. R. What are emotions? And how can they be measured? [J]. Social Science Information, 2005, 44: 693-727.

[2] Mascolo, M. F., Fischer, K. W., Li, J. Dynamic development of component system of emotions: Pride, shame and guilt in China and the United States [M]//R. J. Davidson, K. R. Scherer, H. H. Goldsmith. Handbook of affective sciences. New York: Oxford University Press, 2003.

2003）。情境評價產生了包括主觀體驗、行為和神經生物反應系統的變化，而這種變化通常會改變引起反應的最初的情境。這種被影響的情境成為引發新一輪情緒反應的新情境。

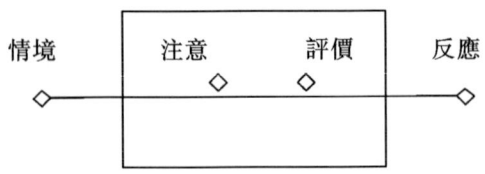

圖1-1　情緒的情態模型

（二）情緒的分類

日常生活中常見的單一情緒有喜、怒、哀、驚、恐、愛等，也有一些細膩微妙的情緒如嫉妒、慚愧、羞恥、自豪等。

目前心理學界在情緒分類上分為兩大觀點：一種觀點認為情緒可以劃分為完全不同的幾大類；另一種觀點認為，各類情緒本質是一樣的，只是程度上不同，不同的情緒如光譜上不同的波段，是一個漸變的過程。

支持情緒分類的學者普遍認為，情緒可以分為兩大類：與生俱來的「基本情緒」———與原始人類的生存繁衍息息相關；後天學習到的「複雜情緒」———必須經過後天的社會交往才能學習到。

全人類共同具有十多種「基本情緒」，常見的有：喜悅、憤怒、悲傷、恐懼、厭惡、驚奇，這些情緒與生理反應緊密相關，具有以下特點[1]：①本能性。這些基本情緒在人類生命的初期就存在，是先天遺傳的而非後天習得。基本情緒是人類進化的結果，是全人類所存在的共性特點。②普遍性。對於這些基本的情緒產生所面臨的情境是基本一致的，即同一情境產生同一種基本情緒。③相似性。情緒的表達，如表情、眼神、動作、聲音等會隨著個體的不同而有所不一樣，但是這些基本情緒的表達方式在全人類中基本一致，基本情緒有著相類似的生理模式。④生理特異性。每種基本情緒都對應一定的生理反應模式和大腦特定區域活動。與基本情緒相對應的複雜情緒會在特定社會條件下產生[2]，常見的複雜情緒有窘迫、內疚、害羞、驕傲等[3]。

---

[1] Ekman, P., Davidson, R. J. The nature of emotions: Fundamental questions [M]. New York: Oxford University Press, 1994.

[2] Solomon, R. L. The opponent-process theory of motivation: The costs of pleasure and the benefits of pain [J]. American Psychologist, 1980, 35: 691-712.

[3] Izard, C. E. The psychology of emotions [M]. New York: Plenum Press, 1991.

另外有一些學者認為，各類情緒之間不是分離割裂的獨立概念，而是在同一個光譜上逐步遞增的序列排布。如 Robert Plutchik 認為，四個情緒光譜的兩極是以下八個基本情緒：歡樂與悲傷的兩極、憤怒與恐懼的兩極、信任與懷疑的兩極、期待與驚喜的兩極。不在這四個極點的複雜情緒則由基本情緒混合產生。複雜情緒產生的原理就好比紅、黃、藍三原色可以混合成很多種顏色一樣。舉例而言，憤怒和厭惡兩種基本情緒混合後是鄙視的複雜情緒；不信任和恐懼的基本情緒混合後產生的是不安的複雜情緒；歡樂和信任的基本情緒混合後是愛的複雜情緒。[1]

根據激發情緒的原因，還有一些神經學者把情緒分為「經典情緒」和「穩態情緒」。經典情緒包括愛、憤怒和恐懼等，通常由外界環境引發，通過視覺、聽覺、觸覺、味覺等感受器官影響主體[2]，如聞到蛋炒飯的味道，就回憶起小時候媽媽經常做的蛋炒飯，產生愛的情緒；聽到某一首音樂，回憶起是高三備考期間經常聽到的，於是產生恐懼的情緒。「穩態情緒」是人體內部穩態失調產生的，包括疼痛、饑餓、口渴和疲勞等。這些情緒由內感受器傳達給中樞神經系統，促使主體採取相應的行動，以恢復身體平衡系統的穩定，如血糖下降使人感到饑餓不安，必須去尋找提供能量的食品。[3] 穩態情緒由大腦中相對低級的部分產生，其強度只有達到一定的閾限才能引起個體主觀意識的關注；如果其強度發展到極強烈的情況，則可以控制大腦較高級的區域，包括產生理性思考的額葉。[4] 比如疼痛，如果程度較輕，則不容易被個體所覺察；如果強度加大，達到個體所無法忍受的程度，則要占據個體理性思考的額葉，導致個體思考無法轉移到疼痛以外的其他對象。

(三) 情緒的功能

1872 年，查爾斯·達爾文的《人與動物的感情表達》闡釋了情緒的意義，他認為情緒能夠幫助動物們適應環境。表達情緒和表現動物的身體特點有同樣作用，例如一條狗在自己的領地被人或者其他狗侵犯，它就會憤怒並大聲地發出叫喚，這種情緒及引發的行為試圖讓侵犯者認為這條狗比實際上更具有攻擊

---

[1] Plutchik, R. Nature of emotions [J]. American Scientist, 2002, 89: 349.

[2] Derek A. Denton. The primordial emotions: The dawning of consciousness [M]. Oxford: Oxford University Press, 2006.

[3] Craig, A. D. Interoception and emotion: A neuroanatomical perspective [M] //Lewis, M., Haviland-Jones, J. M., Feldman Barrett, L. Handbook of Emotion 3. New York: The Guildford Press, 2008.

[4] Derek A. Denton. The primordial emotions: The dawning of consciousness [M]. Oxford: Oxford University Press, 2006.

性，從而撤離原本屬於它的領地。達爾文認為，情緒是自然選擇的產物①，具有目的性。為了生存，人類必須探索環境，因此會好奇；必須吐出不小心吃入的異物，所以會噁心；必須建立社會關係，所以有了信任；必須避免傷害，因此恐懼；必須實現基因的代際傳遞繁衍後代，因而有了愛；為了保證自己的利益不受侵犯，必須戰鬥，所以用憤怒來增強自身的威懾力；而為了獲得外物的支持尋求幫助，必須悲傷而後哭泣；對於自己喜歡做的有利的事情，希望再次體驗，所以快樂。以上是對動物而言，其實對於人類而言，在他們原始的日常生活中，情緒也發揮著指引他們自動趨利避害的功能，以便於他們做出有利於生存的選擇②。以憤怒為例，儘管在現代社會中，憤怒除了帶來人際困擾外並沒什麼額外的作用，但在原始部落裡，憤怒所產生的暴跳、睜大雙眼、眉毛上揚等都可以讓周圍人害怕並由此建立起威望。③

　　情緒是自然選擇的結果，具有適應性。情緒基因由隨機的基因突變而來，有情緒的個體比沒有情緒的個體有更多的後代，由於這種自然選擇，突變的基因擴散到後續的代際，直到成為全人類都有的基因。比如恐懼的功能是幫助逃避捕食者（Mineka, 2003），驕傲的功能是在特定人群中突出自己的地位（Shariff & Tracy, 2009），憤怒的功能是抗議別人奪走你的東西，這樣別人下次就不敢再冒犯你（Lazarus, 1991）。

　　因此，基於以上觀點，情緒具有適應性功能，即由情緒所激發的行為能夠幫助個體更好地解決問題。當個體面臨對於自身不利的環境時，就產生相應的情緒，情緒的內部功能就啓動從而增加了個體解決問題的可能性。從覺察問題到問題解決，包括知覺轉換、相關記憶激活、知覺加工偏好及生理變化，所有這些具體的內部加工過程都會促進問題解決朝向行為的發生。另外，情緒還具有外部功能即社會功能，幫助人們建立與所處群體的合作關係，負責承諾、互助，處理人與人之間的複雜關係。比如尷尬，你不小心在眾人面前滑倒或者不小心踩到別人的腳，別人就可以從你所表達的尷尬之情中知道你不是故意的，你現在很窘迫，你已經為發生的事情感到難過了（Keltner & Buswell, 1997），於是別人不會因此嫌棄你或者想要還擊、報復你，甚至會比較喜歡你和信

---

　　① Darwin, C. A. The expression of the emotions in man and animals [M]. London: John Murray, 1872.

　　② Tooby, J., Cosmides, L. The past explains the present: Emotional adaptations and the structure of ancestral environment [J]. Ethology and Sociobiology, 1990, 11: 375-424.

　　③ Gaulin, Steven J. C., Donald H. McBurney. Evolutionary Psychology [M]. London: Prentice Hall, 2003, 6: 121-142.

任你。

　　某些特定的情緒會同時具備內部功能和社會功能，如憤怒可以保護自己的物品不被侵占，同時也能建立關係，讓你身邊的人意識到他做錯了，若他比較重視這段關係，則可能會採取修復關係的行動。

　　對於現代人類而言，社會生活中的情緒有以下幾方面的意義[①]：①交流情感。以嬰兒為例，雖然嬰兒不能用言語清晰地表達自己的需求，但也能順利和成人交流，情緒就是其交流工具。嬰兒用眼神、表情、動作來表達自己的需求。②影響周圍人對我們的態度。人是一個社會性的存在，用哭泣表達悲傷和委屈，用憤怒表達生氣，當周圍人會覺察到當事人的情緒，並出於社會化交往的思考開始調整對待當事人的態度、言語、行為時，情緒的社會性功能就發揮作用了。③表示善意。笑常用來表達當事人愉快的情緒，但是禮貌性的微笑有時候是用來表達當事人對身邊人的善意，比如對認識但不熟悉的鄰居微微點頭一笑，雖不多言多語，但已經將友善之情表達無遺。

（四）情緒產生的過程

　　古希臘至今，許多學者都試圖從理論上解釋情緒產生的過程。當代情緒理論傾向於採納多元視角，融合各種理論。

1. 生物學視角

　　1884年，威廉・詹姆士第一個提出「情緒是動物對外界事件的生理反應之一」的觀點。威廉・詹姆士在其論文中提出，身體變化導致情緒體驗；而幾乎在同一時段，丹麥心理學家卡爾・蘭格也發表了相似的理論，因此這一理論被稱為「詹姆士-蘭格理論」。詹姆士-蘭格理論主張：「當身體發生生理變化時，我們感受到這些變化，此即情緒。」這種理論在20世紀不為主流學界所接受，但是當代的神經學證據又再次支持了這個早期觀點。人類的情緒，特別是基本情緒，與人體的特定神經反應是相對應的。

　　人們在日常生活中所感受到的模式一般是情緒激發行為，如人們因為難過的情緒所以產生哭泣的行為，因為害怕的情緒所以產生逃跑的行為，因為憤怒的情緒所以產生捶胸頓足的行為……但是詹姆士-蘭格理論則給出完全相反的解讀：刺激引發自主神經系統的活動，產生生理狀態上的改變，生理上的反應導致了情緒。[②] 早期的一些實驗支持了這一理論，例如要求被試改變自己的表

---

① Keltner, D., Haidt, J. Social functions of emotions at four levels of analysis [J]. Cognitive and Emotions, 1999, 13: 505-521.

② James, William. What is an emotion? [J]. Mind, 1884, 34: 188-205.

情，被試可以感受到相應表情所代表的情緒①，如要求被試做大笑的表情——咧嘴並上拉臉部肌肉，則被試能感受到愉快的情緒，且被試的相應大腦皮層位置得到激活。因此這種理論的啟示也被應用在情緒相關的治療中，例如大笑療法、舞蹈療法。但是，詹姆士－蘭格理論在1953年以前卻是被主流心理學界所抨擊的，批評者認為，詹姆士所列出的身體只是一般的生物應激反應，它們和情緒並不能產生一一對應。另外一些批評者提出，情緒的產生速度很快，以憤怒為例，這種情緒的產生只需要1/10秒，但是身體變化的速度卻要慢很多，神經系統激發腺體，然後把荷爾蒙釋放到血液中卻需要整整1秒。人們確實感受到了憤怒，但是這種憤怒的生物反應只能強化感情，不能激發感情。②

由於詹姆士的理論過於強調情緒發生過程中植物性神經系統所起的作用，引發了很多理論爭議。如坎農在自己的學說中認為，情緒體驗與生理變化是同時發生的，它們都受制於丘腦的控制。③

20世紀前期，詹姆士－蘭格理論在眾多批評的聲音下逐漸沉寂下來。然而之後的神經學發現卻在一定程度上再次引發了對該理論的關注。當代學者普遍認為，生理變化並不直接產生情緒，但它伴隨著情緒的產生而產生，調節並制約著人們對情緒的感受（參見圖1-2）。同時，情緒也可以反向作用於生理變化，從而引發個體選擇並採取適應性的行為，例如包括憤怒情緒能夠促使個體對試圖挑釁的對手採取戰鬥行為，個體面臨無法戰勝的對手時恐懼情緒促使其採取逃跑行為等。

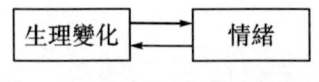

圖1-2　生理變化與情緒的關係

關於情緒發生過程中植物性神經系統的變化，神經解剖學家發現，哺乳動物大腦中的三個獨立神經回路分別控制三種類型的情緒：①正向行為系統：產生快樂和令人振奮的情緒，使動物產生與周圍世界產生交集的興趣。②戰鬥或逃跑反應系統：產生恐懼或憤怒的情緒，使動物根據情境和對手的強弱程度判斷採取迎戰還是逃跑的行為策略。③負向行為系統：產生焦慮情緒，使動物行為僵硬、消極、不夠自主，不能很好地應對當下情境。另外，也有研究發現，

---

① Laird, James. Feelings: The perception of self [M]. London: Oxford University Press, 2007.
② Newman, E. B., Perkins, F. T., Wheeler, R. H. Cannon's theory of emotion: A critique [J]. Psychological Review, 1930, 37: 305-326.
③ Cannon, W. B. The James-Lange theory of emotions: A critical examination and an alternative theory [J]. The American Journal of Psychology, 1927, 39 (1/4): 106-124.

神經遞質水平對八種基本情緒也有影響。例如低血清素、高多巴胺、高去甲腎上腺素綜合作用產生憤怒情緒；興奮、感興趣的時候，這三種神經遞質水平都提高；羞愧的時候這三種神經傳導物質水平都比較低。當人們處於正向情緒狀態中時，例如欣賞一幅美好的畫面，會讓左前額葉皮層這一區域更活躍；而當看到負性圖片時，例如看到戰爭圖片，這一區域不活躍。同時，在實驗室中，當人為地刺激被試的左邊前額葉皮層這一區域時，即便是中性或負性的圖片也會使被試產生積極的情緒。這個實驗結果從一定程度上支持了詹姆士－蘭格理論。

2. 社會文化視角

從社會、文化和認知的角度來看，情緒不僅僅來自上述的生理反應，還受到社會交流方式、信息處理過程和文化背景的影響。如果僅僅從生物學的角度，那麼一些諸如驕傲、希望、疏離感等複雜情緒則不能得到合理的解釋。例如失望情緒，研究表明這種情緒完全無法從自主神經系統及面部表情得到解釋，因此只能從社會文化的角度進行解讀——預期及預期的未達成。另外有一些認知心理學家認為，情緒必須經過評價過程才能產生，那麼在評價過程中的思考、判斷過程可以是有意識的，也可能是潛意識的自動化過程。

認知心理學家認為，造成情緒的直接原因不是直接刺激的外部事件，而是人們對事件的認知。典型例子如奧運會上獲獎選手的情緒，獲得銅牌選手的愉悅情緒比獲得銀牌的選手更強烈，前者慶幸自己獲得獎牌，後者則遺憾沒有拿到第一。瑪格達·阿諾（Magda Arnold）在 20 世紀 60 年代最先提出，在外界事件發生後，大腦的邊緣系統會自動對該事件定性，判斷該事是利是弊，在這種利弊定性的基礎上，當事者在潛意識中已經對這件事產生喜好或厭惡，因此產生相應的情緒，然後這種情緒就成為決定當事者對事件是驅進還是避開的動力。理查·拉薩魯斯（Richard Lazarus）在以上理論的基礎上進行了修正，他把情緒的判斷過程更加細緻地分為兩步：第一步是重要性判斷，第二步是利弊判斷。重要性決定情緒的強度，利弊決定情緒的正負。利弊的判斷與個體當前的目標相關，如果事件有利於個體當前目標的達成，則產生正向情緒；如果事件不利於當前目標的達成，則產生負向情緒。至於重要性判斷，由於每個人的價值觀不一樣，因此他們判斷事情是否重要的標準也不一樣，但現在也存在一些共性，如果涉及以下幾個方面，如健康、經濟狀況、重要親人、自尊、目標等，該事件就是重要事件。情緒有一些共性，但是也存在文化差異。跨文化研究證明，如果一個人所處的社會環境不同，他的情緒構成也會發生改變。研究人員發現中國和美國兩個國家的人對「基本情緒」的認知存在共性，同時也

存在差異。美國人的基本情緒中有喜悅、愛兩個正向維度，憤怒、悲傷、恐懼三個負向維度；中國人的基本情緒中有喜悅一個正向維度，愛、憤怒、悲傷、恐懼、羞恥五個負向維度。以上結果顯示，中美兩國文化下人們情緒的共性在於對喜悅、憤怒、悲傷、恐懼的認知一樣，不同之處是中國人把「愛」看做負向情緒，認為「羞恥」也是基本情緒的一種。

從基本情緒向複雜情緒的進化過程是伴隨著個體的成長而不斷實現量上的增加和質上的加深的。幼兒只能識別少數幾個情緒，如快樂、悲傷、恐懼、生氣、愛。隨著年齡和閱歷的增加，更細膩的感情被感知，例如快樂可以被分為欣慰、滿足、喜悅、驕傲、樂不可支等。很多複雜情緒是通過後天學習，在不斷社會化的過程中得到的，引發情緒的因素、情緒的識別、情緒的強度、情緒的應對、反應的調整等知識會隨著年齡的增加和閱歷的豐富逐漸累積，最後形成個體的情緒知識庫——情緒智力。情緒知識豐富的人、情緒智力高的人可以更恰當地判斷一件事發生的意義，對這件事作出恰當的評價，從而產生更具有適應性的情緒反應，作出更恰當的行為，獲取更滿意的最終結果。相對而言，成年人可以依據不同的情境產生許多複雜情緒，如喜極而泣、知恥而後勇、五味雜陳等，而幼兒則只能產生比較簡單的情緒反應，如高興、傷心、生氣等。

（五）情緒的生理反應及測量

元分析研究者發現，在不同情緒時人會表現出不同的心率和指溫反應（Cacioppo, Berntson, Larsen, 2000）。悲傷、恐懼、憤怒的情緒下，心率從基線開始緩慢增強，厭惡情緒的心率有輕微下降。憤怒和快樂情緒下，被試的指溫顯著上升；恐懼和厭惡情緒下被試的指溫輕微下降。與恐懼相比，憤怒會引起血壓升高，心率和心搏量輕微上升，手指脈搏量和指溫也升高。

情緒研究者經常採用多種方法對自主神經系統活動進行測量，一般是在皮膚上連接傳感器測量電傳導以及某些點的壓力和亮度。最為著名的生理測量指標是心率，心臟在收縮時發出微小的電信號，其改變可以被測量到，這種測量方式叫作心電圖 ECG。ECG 信號體現與心搏有關的電活動，其 QRS 複合波代表心室的收縮和舒張，Q 點代表收縮的開始，R 點是電活動的峰值，S 是心室舒張，研究者計算 ECG 信號中 R 波之間的平均間隔時間，可以捕捉到更為細微的情緒變化。情緒測量的另一個生理測量指標是血壓，因為血壓會受到每次心搏的血量以及動脈周圍的肌肉收縮的影響。計算機控制的血壓檢測儀可以利用傳感器連接到手腕或者手指上，每隔幾秒鐘測量一次。研究者一般會區分心臟收縮壓和心臟舒張壓，即兩次心跳之間血流的壓力。這種血管收縮的模式也可以通過測量個體的指溫來獲得。情緒研究者也可以通過測量呼吸相關的壓力

變化，測量呼吸頻率或者呼吸容量，或者通過測量瞳孔直徑的方式來記錄情緒發生過程中交感神經系統和副交感神經系統的信息。

以上幾種測量方式具有簡單易操作的特點，但不夠精準，無法區分交感神經系統活動和副交感神經系統活動，皮膚電導水平可以更為精確地分別區分交感神經和副交感神經。汗液分泌活動的增強源於交感神經的激活，當人出汗的時候，皮膚上的導電性會升高，並能夠被測量。情緒研究者可以在被試的兩個手指上分別放兩個傳感器，測量從一個手指上的傳感器發出的電信號到達另一個手指上的時間，這種導電時間代表了被試的皮膚電阻，將其取倒數後即可得到皮膚的電導水平。

也有研究者採用心臟射血前期這個相對純淨的測量指標來測量交感神經激活，通過測量電信號，研究者可以知道血液何時由動脈瓣膜流出，從心臟收縮處到血液流出的毫秒數即為射血前期，由情緒引發的交感神經激活會帶來射血前期的縮短。

以上情緒的生理測量有自己的優勢，只要研究者的實驗設計合理，且儀器放置恰當，則測量結果會比較可靠。因為實驗結果的獲得不需要依賴被試自我報告，可以一定程度上避免被試的社會期許效應，被試不可能操作自己的生理反應，測量結果相對客觀，因此情緒的生理測量具有其可取性。

當然，正如每一種研究方法都有其局限性，情緒的生理測量也面臨很多挑戰。在被試的手指或者身體的其他部位放置接收器，這種程序的侵入性往往會讓被試比較緊張，導致所得出的基線不是正常情況下中性的情緒狀態，而是一種焦慮的狀態。另外，生理反應具有滯後性，情緒刺激 1～2 秒自主神經才會發生反應，有些成分的檢測如唾液皮質醇的變化需要 15 分鐘以上的時間才能被檢測完。

二、情緒管理

情緒（Emotion）是不斷被個體所喚起和體驗的一種狀態，情緒的喚起有時是顯意識的，有時是潛意識的。個體的情緒反應有時候與生活環境的變化協調一致，但有時候則與生活環境的變化不一致，產生矛盾和衝突，與特定的生活情景不相適應。因此，個體有必要經常進行情緒管理以適應生活環境。

當代社會，情緒管理越來越受到重視。很多職業如餐廳服務員、空中乘務員、髮型師、醫生等要求從業人員嚴格控制自己的情緒，因為這些人從事服務業，經常與公眾接觸，必須學會控制自身負面情緒，即使這些負面情緒對於個體而言是合理、正常、健康的，但對於其職業所賦予的社會角色而言卻是不適

宜的。例如醫生既不能對患者產生厭惡的情緒，也不能對患者產生喜愛之情。針對此，醫學院的常規訓練會要求醫生在治療時中立個人感情。醫學院常教給學生用五種方法管理情緒：①把可能激發情緒的事情轉化為抽象的事物。比如把身體接觸看作執行一系列常規操作。②關注正面意義。如就算治療失敗，但是不用因此沮喪，而應思考能夠從這個不成功的治療中學到什麼。③把患者的事情留給患者，不要帶進自己的生活。患者可能由於病情加重比較消極悲觀，醫生一方面要積極實施治療方案，另一方面也不能過於共情而將病人的情緒帶入自己的生活。④保持樂觀。⑤避免不必要的接觸。與醫生這個職業相反，發型師和空中乘務員經常要保持開朗、熱情、能說善道的狀態，不僅要對顧客提供規範化的服務，還要善於察言觀色、隨機應變，對於顧客的個性化需求提供相應的服務，這就要求這些職業從業人員在工作時間用禮貌得體的態度替代所有自然情緒。

情緒管理研究始於20世紀80年代的發展心理學，Kopp（1989）率先對壓力及消極情緒的調節進行了研究；Dodge（1989）正式提出情緒調節（Emotion Regulation）的概念，並將其作為一個獨特的研究領域引入心理學。情緒管理研究經歷三個階段：第一階段，研究初期（1989—1994年），這一時期的研究重點集中在兒童情緒調節及情緒調節早期理論的提出，主要研究內容包含情緒調節的概念，兒童情緒調節的早期表現對其情緒、個性發展的影響，父母的情緒調節能力、方式對兒童社會化程度、個體情緒發展的影響等。第二階段，研究發展中期（1995—2003年），主要表現為研究領域的擴大——從兒童領域延伸到成人、臨床、教育等領域，研究內容的豐富——情緒調節概念、過程、策略、情緒調節的個體差異，情緒調節與其他心理過程的關係等，以及研究方法的創新。第三階段，研究發展近期（2003年至今），情緒調節研究內容進一步擴大，情緒調節理論研究繼續深化，一些高級別的心理學期刊甚至特別開設專輯探討情緒調節話題，情緒調節的神經生理機制研究成為熱點。

由於研究角度的不同，不同的心理學家在研究的過程中使用了不同的術語：有的研究者使用情緒調節，側重情緒管理的過程研究；有的使用情感調節，側重情緒管理的認知和行為角度；有的使用心境調節，側重情緒管理策略（Parkinson，1996）；有的使用情緒自我調節，側重情緒管理的主體與對象的關係；還有如情緒控制、情緒智力等其他相關術語一共多達10餘種。Campos（1989）首先對情緒調節進行了概念界定。他認為情緒調節包括調節行為傾向，快樂的時候促進行為傾向，必要的時候糾正行為傾向，危險的時候阻止行為傾向。Fabes等（1992）認為，情緒調節是個體對情緒體驗或相關行為和情

境的調整過程，同時也是調整或維持情緒喚醒、體驗、認知和行為的過程。

在隨後研究中，Eisenberg 和 Moore（1997）將情緒調節作為自我調節的一種形式，在考察兒童情緒調節時區分了三個方面的自我調節：情緒調節、行為調節和由情緒驅動的行為調節。他們認為情緒調節是抑制、增強、維持和修正情緒喚醒，以實現個人目標的能力，主要採取集中或轉移注意力的能力，運用分心或重組等認知策略，用積極的術語理解一個負面情境以調節情緒。在這個定義中，情緒管理策略被大量涉及。Cole 等（1994）認為，情緒調節是個體以社會允許、容忍的方式做出適當情緒反應的能力，這種能力促使個體在做出情緒反應時可以靈活、有效地控制自己的衝動並延遲衝動行為。他們認為，情緒調節適用於應付不適當的情緒狀態，是迴避、忽視、轉移或增強情緒的過程。這種定義方式是針對社會適應性功能而言的，主要針對負向情緒的調節。Thompeon（1994）認為情緒調節是指個體為完成目標而進行的監控、評估和修正情緒反應（特別是情緒強度和持續性）的內在與外在過程。他把情緒調節當作圍繞目標達成而進行的過程，比較具有可操作性。Thompson 的界定強調了以下幾個方面：首先，情緒調節既包括擴大積極情感，也包括抑制消極情感；其次，既可以用內部過程來調節情緒，也可以用外在和社會的因素來調節情緒；再次，儘管有時候情緒調節包括改變具體情緒，但它更多的是改變情緒的強度，最終，這個界定重視目標的取得。Thompson 的界定比較全面，同時關注了正向情緒和負向情緒，並且指出了情緒管理過程中的側重點——調節情緒的強度。Cicchetti 等（1995）將情緒調節界定為一個發生在意識內外的包括生理、認知、體驗和行為反應的動力組織系統，其功能是驅動和組織行為，以從一個或多個方面如生理、認知、體驗和行為適應特定情境。這種界定方式強調了系統的觀點。

縱觀以上情緒心理學的研究者對情緒管理、情緒調節做出的概念界定，儘管大多數從事情緒的研究者將情緒管理看作是一個獨立的研究領域，但我們可以看到，關於情緒管理的定義心理學界至今還未達成統一，學者們依據各自研究觀點的不同對情緒管理概念有各自的觀點，這與情緒自身的複雜性有關，也與學者們自身對情緒管理概念的內涵和外延定義存在爭議有關。然而，儘管研究者對情緒調節概念的界定各有不同，但目前也有基本的共識，即認為情緒管理是一個使個體有能力調節積極和消極情緒的主觀體驗和表達的生理的、行為的和認知過程的概念。

綜合而言，情緒管理是個體對情緒的發生、體驗與表現施加影響的過程，是一個改變情緒的發生、持續時間、內部體驗、生理行為反應的動態過程

（Gross，2002）。通過情緒管理，個體能對變化的社會情境作出迅速有效的適應性反應，實現個體目標（Thompson，1991）。Gross（2001）認為情緒管理是指個體對具有什麼樣的情緒、情緒什麼時候發生、如何進行情緒體驗與表達施加影響的過程。簡單地說，情緒管理是指個體對情緒發生、體驗與表達施加影響的過程，涉及對情緒的潛伏期、發生時間、持續時間、行為表達、心理體驗、生理反應等的改變，是一個動態過程。Thompson（1995）認為：「情緒管理是指個體為完成目標而進行的監控、評估和修正情緒反應的內在與外在過程。」①情緒管理與社會交往、社會能力、社會適應、心理健康等一系列的發展結果相聯繫。Gross 指出對於情緒管理的理解有三個方面值得注意：一是情緒管理不僅僅是降低負情緒，實際上情緒管理包括負情緒和正情緒的增強、維持、降低等多個方面；二是與情緒的喚起一樣情緒管理有時是顯意識的，有時是無意識的；三是情緒管理沒有必然的好與壞，在一種情景中是好的，在另一種情景中則可能是不合適的。②情緒管理能力的高低對個體的心理是否健康和生活是否幸福有著重要的影響，如何有效地測量個體的情緒管理能力，也是目前情緒管理領域所關注的重要話題。

本研究所涉及的情緒管理是一個內涵豐富的概念，主要可以歸納為以下三類③：

第一類是適應性管理，突出情緒管理是一種適應社會環境的行為反應。Cole、Michel 和 Teli（1994）等認為，情緒管理是以一種社會可以容忍的方式，靈活地對一系列情緒發展要求作出反應，以及在需要的時候延遲反應。Thomposon（1994）指出，情緒管理是一種適應社會現實的活動過程，它要求人們的情緒反應具有靈活性、應變性和適度性，以使人們能以有組織的、建設性的方式，迅速而有效地適應變化的社會情景。

第二類是功效性管理，突出情緒調節旨在服務於個人目的。Master（1991）指出，情緒管理是一種服務於個人目的、有利於自身生存與發展的活動。當人們產生了某種情緒，開始進行情緒管理前，會對社會情景與自身關係的意義關聯以及自身應付能力進行認知評價，最終決定如何對自身情緒進行有

---

① Thompson R. A. Emotion regulation and emotional development [J]. Educational Psychological Review, 1991, 3: 269-307.

② Gross J. J. Emotion regulation: Affective, cognitive and social consequences [J]. Psychophysiology, 2002, 39: 281-291.

③ Walden, T. A., Smith, M. C. Emotion regulation [J]. Motivation and Emotion, 1997 (21): 7-22. Underwood, M. K. Top ten pressing questions about the development of emotion regulation [J]. Motivation and Emotion, 1997 (21): 127-143.

效地管理。

第三類是特徵性界定。Cicchetti、Ackerman 和 Izard（1995）從情緒管理的動力特徵角度認為情緒管理是發生在意識內外的，包括生理、認知、體驗和行為反應的動力組織系統，其功能是驅動和組織行為，以適應特定環境。Salovey 和 Mayer（1990）從情緒管理在人的智能結構中的地位入手，認為情緒管理是情緒智能的主要成分之一，是加德納的社會智能結構中的子維度。

情緒是隨著時間的推移而展開的過程的序列，從即刻的橫向剖面而言，包括主觀體驗、行為反應、中樞和神經生理變化，從縱向的過程而言，包含情境、注意、評價和反應的環節，因此情緒調節的內容就包含了反應潛伏、發生時間、強度、持續時間、偏移方面等所產生的變化（Thompson，1990）。根據最後情緒調節的效果，可以分為減弱、增強和維持原有情緒強度。情緒調節也可以改變情緒反應發生的時間點和反應時間的持續長度，可以改變情緒反應各成分之間的聚合程度，如當事人的情緒體驗和生理反應可以發生變化，但面部表情可以不改變。

綜合上述研究，我們將情緒管理能力界定為個體在遇到與個體發展目標不一致的情緒時，積極尋找情緒策略，改善情緒的潛伏、發生時間、發生強度、持續時間、行為反應等內容，以有效的方式解決情緒問題，促進個體發展，提升有效適應社會的能力。

我們認為，情緒管理與情緒調節、情緒控制等相似概念是有區別的，主要區別在於：一般情況下的情緒調節和情緒控制把調節和控制的對象默認為負性情緒，而情緒管理所管理的對象不僅包括負性情緒，還包括正性情緒以及情緒強度等。情緒管理的核心在於對情緒情景、情緒類型以及情緒強度這三者間的協調性進行管理。情緒管理的目的是促進個體更好地適應社會環境和實現自身的可持續發展。

最後，關於情緒管理概念的外延，需要著重澄清以下三個方面的共識起點：一是情緒管理的對象既包括通常意義上的消極情緒，也包括對積極情緒的管理；二是雖然典型的情緒管理是發生在個體意識層面上的，但是情緒管理實際上是有潛意識層面的自動調節過程的；三是情緒管理能夠改變情緒反應，從而使個體達成自己處於情境中的目標，但這種個體當前目標的短時達成有時不能完全等同於促進良好的長期的社會適應。

心理學家對情緒管理的研究，主要是從以下幾方面進行的。

（一）情緒管理的過程模型

根據圖 1-1 的情緒的情態模型所提供的情緒的概念框架，情緒管理的過

程模型由此而來。如圖1-3即能體現個體對自我情緒進行調節的五個關鍵點：情境選擇（Situation Selection）、情境修正（Situation Modification）、注意分配（Attentional Deployment）、認知改變（Cognitive Change）、反應調整（Response Modulation）（Gross，1998）。

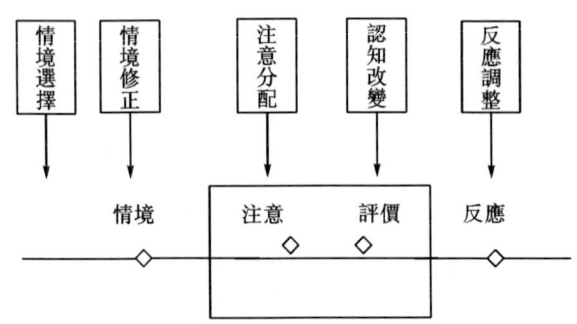

圖1-3　情緒調節的過程模型①

1. 情境選擇

情境選擇是情緒管理中比較具有前瞻性的做法，為了獲得預期的情緒，當事者可以選擇符合這種情緒特徵的情境。例如敏感、害羞的個體在公共社交場所比較緊張，則會傾向於避免參加嘈雜的派對而選擇待在安靜的書店或者家裡的書房。但是隨之產生的問題是，這種情境選擇所帶來的情緒調節效果有短期的即時效果，也有長遠的收益或損失，內向的個體為了避免暫時的不愉快而迴避了公共社交，但長期看來會帶來進一步的與社會的疏離。因此，有效的情緒調節的情境選擇策略，需要得到父母、師長的指導或者優秀同伴的指導或建議。

2. 情境修正

此處的情境主要是指個體外部物理情境，而對於內部情境，則是認知改變環節的內容。對於外部物理環境的修正，是指對潛在的情緒激發環境作出人為地調整和修正，如羞澀內向的個體可以在出席比較令人緊張的宴會時，帶上要好的外向的朋友一起，比如個體進入激發恐懼情緒的醫院就診，可以選擇和善親切、比較熟悉的醫生。

3. 注意分配

情境的選擇和修正是對外部物理環境的改變，當外部的情境不能被改變或

---

① 詹姆斯·格羅斯. 情緒調節手冊[M]. 桑標，馬維娜，鄧欣媚，等，譯. 上海：上海人民出版社，2011.

者修正時，個體就應該啓動對內部情境的調整——注意分配。而事實上，注意分配是人類發展過程中最早出現的情緒調節過程之一（Rothbart, Ziaie, 1992）。根據指向，注意分配的形式可以分為注意集中、注意分散、注意迴避和注意轉向。注意集中是指將注意集中在情境的情緒特徵上，如沉浸在由歌劇的優美旋律所帶來的愉快中，或沉浸在由戀人分手帶來的悲傷中。注意分散是指個體將注意力分散在情境的不同側面；注意迴避是個體將情境輸入刺激的通道堵塞或者關閉，如閉上眼睛或者捂住耳朵；注意轉向是指個體將注意力完全從情境中移開，轉而關注其他話題。

4. 認知改變

即使引發某情緒的情境沒有被修正，個體產生該情緒也並非定局，改變個體對自己所處情境的評價即改變情境的情緒性意義，也能改變情境激發情緒的可能性。認知改變並非假裝情境沒有發生或者虛構一個並不現實的故事掩耳盜鈴，而是關注對真實情境的積極評價。如丟了錢本來很鬱悶，但是可以告訴自己「錢丟了可以再掙，還好身分證、銀行卡這些沒有丟，不然掛失、補辦好麻煩！」這種「還好沒有更糟」的認知重建策略對於抑鬱、焦慮等情緒有很好的調節作用。給一個人打電話或者發短信，始終無人接聽、無人回覆時，不要想著「他肯定不喜歡我，不願意理我」，而是「每個人都有忙暈的時候，我想他今天肯定很忙」。許多研究證明，認知改變是一種有效的、健康的情緒調節策略，經常使用認知重評情緒調節策略的個體報告出更多的積極情緒和更少的消極情緒，更愛分享，更受歡迎，擁有更親密的社會支持系統和更少的抑鬱風險（Gross & John, 2003）。

5. 反應調整

反應調整的階段是情緒發生過程的後期，即個體已經有了某種情緒的傾向之後。反應調整一方面是指情緒發生後，採用運動、放鬆或者食療的方式來降低負性情緒的生理和體驗，另一方面更多地是指採用恰當的方式來表達自己的情緒，即採用一種適應性反應。有了情緒後，採用一種恰當的方式進行表達，被證明是很好的情緒調節方式（Thompson, 1994），而這種表達方式能否促進情境朝向更為有利的方向發展則代表了這種行為適應性的高低，例如同樣是哭泣反應，不同的情境下效果不同：兒童提出不合理的要求被母親拒絕，如果此刻採用哭的方式來表達自己的不滿，則對事情的發展不宜——適應性不良；但如果兒童受到欺負或者面臨危險時發出哭聲，引來大人的注意和幫助，則是一種適應性行為。

也有研究者對這五個環節進行了合併歸類，分為三個關注環節，即將情境

選擇和情境修正歸納為情境關注，將注意分配和認知改變綜合歸納為認知關注，將反應調整界定為反應關注（Gross，2002）。

（二）情緒管理與主觀體驗

一些研究者認為，情緒管理的方法或者技能的選擇和效能，依賴所體驗到的特定情緒。Walden和Smith的一項對兒童情緒調節策略的研究結果表明，情緒管理的方法或技能因不同情緒而異。在這項研究中，絕大多數兒童認為，對於憤怒和羞愧情緒而言，解決問題是最好的情緒管理方法；對於悲傷情緒而言，尋求支持是最好的情緒管理方式；而對於創傷感，遠離創傷源才是最好的情緒管理策略。

情緒管理對認知評價的依賴性。一些研究者認為，許多需要管理的情緒體驗本身，都存在著認知方面的問題。比如，嫉妒憂鬱或焦慮的產生，往往是當事人認為所期盼的結果無法實現或者相反的結果必然會產生，而自己對之又無能為力所引起的（Abramson，Alloy & Metalsky，1989）。因此，改變認知或者學會合理評價，是情緒管理的重要方法之一。

竇凱（2013）研究發現，情緒調節自我效能感和情緒調節方式可顯著預測主觀幸福感，減弱調節在情緒調節自我效能感與主觀幸福感間起部分仲介作用。情緒調節自我效能感包括識別自身情緒狀態的能力、理解他人情緒體驗的能力及表達積極和管理消極情緒的能力感。以往研究發現，管理積極和消極情緒的自我效能感有助於個體維持積極的自我概念，使個體體驗到更多的積極情緒和幸福感；管理生氣、憤怒效能感和管理沮喪、痛苦效能感與負性情感呈顯著負相關，與生活滿意度呈顯著正相關（Caprara，2006；Lightsey，等，2011，2012）。情緒調節自我效能感除了直接作用於主觀幸福感，還可以通過人際關係效能感等因素間接影響主觀幸福感（Caprara，2005）。由此可見，情緒調節自我效能感是影響主觀幸福感的重要因素。研究者認為，情緒調節自我效能感對主觀幸福感產生影響的機制在於，具有不同水平情緒調節自我效能感的個體採用不同的情緒調節方式，進而影響主觀幸福感：首先，自我評價的獲益機制認為高自我評價的個體較少採用迴避的調節策略，他們能夠通過持續對環境作出積極的回應來維持積極的認知與情感，知覺到更多的積極、正性的認知和情緒，較少體會到消極、負面的認知和情緒，從而維護積極的情緒體驗（黎建斌，聶衍剛，2010）。相關研究表明，相對於那些懷疑自己能力的人來說，相信自己有能力調節情緒的個體更傾向於選擇有效的情緒調節策略，避免情緒所帶來的困擾（Bandura & wood，1989；Brown，2009）。

（三）情緒管理與生理機制

從情緒的強度來看，Underwood認為，情緒管理是一個自我控制的過程，

其中許多活動是在意識水平以上的，而意識的產生取決於個體是否體驗到強烈的情緒，亦即當個體處於高強度的喚醒時，他才可能產生情緒管理的意識與活動。另外，從結果上來說，情緒管理是使有機體從激動狀態迴歸平靜狀態的體內平衡過程（Kopp，1989；Walden & Smith，1997；Saarni，1990；Hubbard & Coie，1994）。

基於情緒管理的過程模型，Ochsner 和 Gros 提出了情緒管理的神經模型。該模型主要關注自下而上的情緒評價與自上而下的認知控制過程之間的交互作用，這兩個過程分別發生於下皮層的情緒評價系統和前額葉扣帶回系統（Gross，2007）。該模型包括兩種自上而下的評價系統：第一種包括背內側和背外側前額皮層系統，它們參與了自上而下的描述性評價過程，使得情緒狀態的心理表徵的產生以及通過認知重評調節情緒成為可能；第二種包括腹側前額皮層系統，它們參與了基於結果的自上而下的評價過程，對結果與當前發生的選擇或事件之間關係的學習非常重要。

研究者（Phillips，Ladoueeur & Drevets，2005）進一步認為腹側神經系統可能參與了主動的次級過程，而背側神經系統可能參與了自動的次級過程，背內側前額葉可能使用了來自 OFC 的作為內部狀態信號的前饋輸入信息來調節在自動的認知改變模式中的行為，這兩個神經系統能夠在情緒狀態和情緒行為的調節中同時被激活。綜上所述，參與情緒管理的前額葉、杏仁核與扣帶回等區域各自的活動及其之間的功能連結對情緒調節的發生、發展及結果至關重要。不同情緒和不同情緒調節策略的腦機制既存在共同點也存在差異。

楊陽（2011）利用 ERP 技術研究認知重評對積極情緒調節及後續認知任務的影響。先呈現積極圖片，要求被試被動觀看或認知重評，接著呈現情緒詞，要求被試進行效價判斷。結果顯示，在 160~720ms 期間，認知重評之後詞彙所誘發的 ERP 與被動觀看後詞彙的 ERP 有顯著差異，情緒調節損耗認知資源。

一些研究發現，情緒的自我調節努力與生理變化之間有著某種對應關係，可以通過測量那些通常反應情緒活動的生理指標，如心率、血壓、瞳孔變化和皮膚電阻等，來研究個體情緒調節能力（Fox，1989；Kagan，1992；Gross & Levenson，1993）。有研究者在 3 周內 7 次要求被試填寫情緒報告表，描述過去一天的感受，接著讓被試暴露於能引起感冒的病毒中，結果表明，情緒積極的

人對感冒病毒的抵抗力更強。① Alex 調查了 124 名患有骨關節炎或肌纖維痛或兩者都有的女性患者，發現總體積極情緒較高的患者在接下來的幾周中有較低水平的疼痛。②

(四) 情緒管理與父母教養方式

情緒管理策略是個體對情緒進行有效的調節，從而使個體處於良好的情緒狀態以適應社會和環境需要的一種重要手段。情緒管理策略是個體為了達到情緒調節的目的，有計劃、有意圖的做法。③ 研究表明，在個體的發展過程中，父母教養方式對於兒童的情緒、情緒調節及其策略的發展都具有影響，Lafreniere J 從以下三個方面的理論對其做出瞭解釋④：①依戀關係模式，強調父母、孩子關係是社會情緒發展的最主要關係；②社會學習模式，強調父母、孩子相互作用過程中父母的強迫、懲罰和模範作用；③歸因模式，強調父母歸因對其子女情感表達和社會化行為的影響。

許多研究發現，父母教養方式對兒童情緒管理能力有影響。Halberstat (1991) 等的研究表明，兒童的情緒管理能力及其同伴交往能力，與其父母的情緒管理能力密切相關，父母情緒表現積極的兒童在同伴中往往表現比較積極。Denham 等人指出，父母的情緒管理能力可以在一定程度上預示孩子的情緒管理能力和同伴交往能力。因此，父母對自身情緒的管理以及父母之間交往時情緒的處理對孩子影響很大，父母在情緒管理方面應該言傳身教，從小就引導孩子在面臨自身情緒不適時如何做出反應才能更好地適應環境。賈海豔 (2004) 研究結果表明：父母教養方式對於青少年的情緒調節策略具有顯著的影響並有預測作用。良好的父母教養方式，如父母之間以及父母對待孩子感情溫暖平和的家庭中，青少年傾向於採取成熟型的情緒管理策略，如求助、解決問題；父母之間冷漠或者經常爭吵以及教養孩子時情緒比較焦躁的家庭中，青少年的情緒管理策略傾向於採取不成熟型的情緒管理策略，如自責、幻想。而經常應用成熟型的情緒管理策略能夠有效地緩解青少年的焦慮程度，應用不成

---

① Cohen S., Doyle W. J., Turner R. B., et al. Emotional style and susceptibility to the common cold [J]. Psychosomatic Medicine, 2003, 65: 652-657.

② Alex J. Z., Lisa M. J., Mary C. D. Positive affect as a source of resilience for women in chronic pain [J]. Journal of Consulting and Clinical Psychology, 2005, 73 (2): 212-220.

③ Masters, J. C. Strategies and mechanisms for the personal and social control of emotion [M] //J. Garder and K. A. Dodge. The Development of Emotion Regulation and Dysregulation. Cambridge: Cambridge University Press, 1991: 182-207.

④ Peter, J. Lafreniere. Emotional development: A biosocial perspective [M]. San Francisco: Wadsworth Publishing, 1999.

熟型情緒調節策略不能有效緩解青少年的焦慮程度。

由於早期社會化的影響不同，兒童的情緒管理的發展軌跡存在性別差異。Malstesta 和 Haviland（1982）的研究發現，母親常對女嬰表達的憤怒作出嚴厲反應，而對男嬰的憤怒則較少作出同樣的反應。男孩在表達憤怒方式的選擇上較少受限制，而且他們更多地考慮如何使自己心理更舒服。Denham、Barrett 的研究印證了以上觀點，女孩調節消極情緒的能力明顯受到父母在其早期社會化進程中教養方式的影響。

(五) 情緒管理與親密關係

研究表明，社會支持可以提供問題解決的幫助，可以提供情感撫慰，對於情緒調節有重要的作用，婚姻幸福或者有親密朋友的人壓力感更小，表現出有更高的免疫系統和更高的健康水平（Kiecolt-Glaser, 1999; Newton, 2001）；孤獨的人有更高的自殺風險（Cacioppo, Hawkley & Berntson, 2003）。比較普遍的親密關係有對父母、對孩子、對家庭成員、對愛人和密友的愛。John Bowlby 描述了三種親密關係的原型：依戀、關照和性。第一種類型的親密關係原型來源於兒童出生時就每天對照顧和養育自身的人，一種長期存在於個體與經常出現的照顧者之間的情感聯接，即依戀。這種情感聯接讓個體願意親近照顧他的人，並且在照顧者離開的時候感到很痛苦。個體受到驚嚇時會想得到照顧者的安慰，在探索新事物時希望得到照顧者的支持。[①] 在兒童時期，這種依戀的對象可能是孩子的母親或者其他經常照顧者，這種依戀在成人後也存在，日本學者 Doi 將成人這種幸福地依賴他人的感受稱為「Amae」（日語詞彙，意指「撒嬌」），認為它是一種「在人類中普遍存在的心理現象」（Doi, 1973）。第二種親密關係的原型來自於照料系統，即父母對子女之愛，這種愛激勵父母養育和保護他們的孩子，同情、憐憫和養育之愛是三種可能與照料系統的觸發有關的情緒狀態。同情是對正在受苦的人的關心（Eisenberg, 等, 1989），憐憫強調接受者的不幸（Brown & Amatea, 2000; Griskevicius, Shiota & Neufeld, 2010），養育之愛指的是由年幼和脆弱引起的情緒，從而使人們的照料提升被照料者的整體幸福。第三種親密關係的原型來自於性的系統，即與可能成為理想的繁殖伴侶的人之間的親密關係。並不是所有的親密關係都可以歸納如以上三種類型的某一種，但都能在以上三種當中找到原型，例如閨蜜關係同時包含了依戀和照料兩種，戀愛關係則包含了依戀、照料和性三種

---

① ［美］Michelle N. Shiota, Jmmes W. Kalat. 情緒心理學［M］. 周仁來，等，譯. 北京：中國輕工業出版社，2015.

(Fraley & Shaver, 2000)。Hazan 和 Shaver（1987）發現，親密關係分為三種類型：安全型、焦慮型和迴避型，這三種風格在嬰兒與父母之間存在，也在成人之間存在，且比例一致：50%的安全型、25%的迴避型、19%的焦慮型。另外，成人的這種親密關係的風格是源於嬰兒對照料者的期望（Fraley & Shaver, 2000）。安全型風格的嬰兒期望照料者是負責的、持續的、可靠溫暖的，安全型的成人傾向於把自己描述為可愛的、比較容易被理解的人，把他人描述為熱心善良的人；焦慮型的嬰兒總是預期他們的照料者可能隨時離去，非常擔心和害怕分離，因此焦慮型風格的成人對親密關係的對方有很強的佔有欲，容易進入親密關係，但也不信任他人，最容易體驗到自我懷疑、被誤解和不被欣賞的感覺，擔心被拋棄；迴避型的嬰兒似乎放棄了自己的照料者，把更多注意力放在自己身上，對照料者的離開沒有過多的反應，因此迴避型風格的成人也放棄了有承諾的、親密的關係，認為保持親密關係比較可怕，不能接受對方的不完美，更願意表達一種「我很獨立，我可以依靠自己一個人生活」的態度。

與親密關係的原型一樣，現實生活中親密關係的類型也不是僅僅單一的安全型、迴避型或焦慮型，而是其中 2~3 種的組合，而始終貫穿其中的是這兩點：自我的價值和他人的價值（Kim, 1990）。因此，有研究者提出成人依戀可以更好地用這兩個維度來衡量：認為自己沒有價值也不可愛的人的焦慮得分高，認為他人不值得信賴、親密關係意義不大的人會比分值更高（Fraley & Waller, 1998）。建立在自我價值和他人價值這兩個維度上的依戀量表被證明在測量成人依戀類型上比較穩定（Brennan, Clark & Shaver, 1998）。

Lempers 和 Clark-Lempers（1992）通過對沖突行為的研究發現，11~17 歲的兒童，朋友之間情緒調節較好。① 在封閉的社交情境中（與誰交往以及交往多少時間毫無選擇），朋友間的衝突比非朋友間的衝突更劇烈和持久。② 日常觀察研究發現，人們更容易對自己的親人發火，而對外人常表現出有所調節的情緒行為。與之相應，情緒調節的選擇似乎也取決於情緒指向者是不是權威人物。Underwood、Coie 和 Herbsman（1992）研究表明，通常情況下，人們很少對權威人物表現憤怒，而對非權威人物，情緒管理就相對具有更多的自

---

① Lempers, J. D., Clark-Lempers, D. C. Young, middle and late adolescents comparisons of the functional importance of five significant relationships [J]. Journal and Adolescence, 1992 (21): 53-96.

② Hartup, W. W., French, D. C., Laursen, B., Jahnston, M. K., Ogana, J. R. Conflict and friendship patterns in middle school childhood: Behavior in closed field situation [J]. Child Development, 1993 (64): 445-454.

由度。[1]

(六) 情緒調節自我效能感

心理學家 Bandura (2003) 發現個體在情緒調節方面的差異取決於個體對自身情緒調節能力的信念，而這種信念會影響個體情緒調節的實際效果，同時也會影響個體的情緒狀態。最近很多學者展開了對情緒調節自我效能感 (Regulatory Emotional Self-Efficacy，簡稱 RESE) 的研究。

眾所周知，班杜拉於 20 世紀 70 年代末提出自我效能感概念，是個體在執行某一行為操作之前對自己能夠在什麼水平上完成該行為活動所具有的信念、判斷或主觀自我感受 (Bandura，1995；高申春，2000)，是一種自我把握感和控制感，而個體的心理與行為的改變都要通過自我效能感來實現 。之後，班杜拉又把自我效能感劃分為一般效能感和具體效能感，一般效能感是個體應對、處理新問題或困難情境時的一種總體自信程度；具體效能感是一般效能感形成的基礎，是指在不同任務領域的自信水平。對具體任務和具體情境的具體效能感進行研究能提高自我效能感的預測效果 (陸昌勤，凌文輇，方俐洛，2004)。根據這種分類方法，情緒調節自我效能感屬於具體效能感範疇。義大利心理學家 Caprara 從 1999 年開始就對情緒調節自我效能感進行研究，他發現個體在日常生活中的情緒體驗差異較大，其原因在於個體情緒管理技巧的差別以及個體在自我情緒管理的能力感上的差別。班杜拉後來的研究強調情緒調節自我效能感主要包括識別情緒狀態的能力感 (是什麼情緒)、理解他人感受的能力感 (為何有這種情緒) 及管理積極和消極情緒表達的能力感 (如何處理這種情緒)。據此，他認為情緒調節自我效能感是指個體對能否有效調節自身情緒狀態的自信程度 (Bandura, Caprara, Barbaranelli, Gerbino, Pastorelli, 2003)，自信程度越高，情緒調節自我效能感就越高，反之越低。

早期的情緒調節效能根據情緒的正向和負向維度分為兩類：管理消極情緒的自我效能 (Perceived Self-Efficacy in Managing Negative Affect, NEG) 和表達積極情緒的自我效能 (Perceived Self-Efficacy in Expressing Positive Affect, POS)。前者是個體改善負面情緒狀態時所具有的效能信念，指當個體應對逆境或負向事件時不會被生氣、憤怒、失望、氣餒等負面情緒擊倒；後者是個體面對成功或其他愉快事件時的積極體驗或允許自己表達快樂、興奮、自豪等積極情緒的效能。Caprara 等人 (2008) 又進一步將管理消極情緒的自我效能信

---

[1] Underwood, M. K., Coie, J. D., Herbsman, C. R. Display rules for anger and aggression in school-aged children [J]. Child Development, 1992(63)：366-380.

念細分成兩個維度，即管理生氣憤怒情緒的自我效能感和管理沮喪痛苦情緒的自我效能感，建構了一個二階因子模型，並在義大利、美國和玻利維亞三國進行跨文化研究，驗證該結構的信度和效度。

隨著國外研究的興起，近年來國內研究者也開始關注情緒調節自我效能感。朱偉方等（2012）採用修訂的《情緒調節自我效能感問卷》，隨機抽取江蘇、湖南、安徽、上海等地的7所高校1,076名大學生進行情緒調節自我效能感現狀調查。結果發現，大學生情緒調節自我效能感總體上處於中等偏上水平，但結構失衡：感受和調節積極情緒的效能感比較高，而調節消極情緒的效能感比較低；情緒調節自我效能感存在顯著的性別差異，也存在顯著的專業差異，在年級上沒有顯著差異。研究結果提示我們，要高度重視大學生尤其是女大學生面臨的情緒困境，採取有效措施提高大學生情緒調節自我效能感，逐步使他們可以依靠和發揮自身的力量，做自己情緒的主人。

另外，多項研究表明，體育鍛煉是一種可靠的情緒調節的方式（Partonen, 2002），長期堅持鍛煉也可以預防焦慮（Salmon, 2001），單獨一次鍛煉並不能達到效果。以上是針對鍛煉的頻率而言，對於鍛煉的強度而言，中等強度的鍛煉可以改善心境，但是極端激烈的運動實際上讓人的心境更差（Salmon, 2001）。對於長期的穩定的中等強度的鍛煉可以改善心境的原因，研究並未有確定的結論，但是可能有以下幾種原因：一是鍛煉可以將個體從應激源中分心出來，即注意分配的改變，許多類似的具有分心功能的活動，比如看電視、聽音樂、看電影、找人聊天等都有處理壓力的功效，雖然效果不是最佳的（Fauerbach, Lawrence & Richter, 2002）；二是體育鍛煉可以提升身體機能，身體健康的個體比身體差的個體在面對壓力源的時候表現出更少的緊張以及交感神經活動（Crews & Landers, 1987）。

第二節　大學生心理健康研究概述

隨著經濟社會和科學技術的飛速發展，社會也在發生著前所未有的劇烈變化：工業化、信息化、現代化程度不斷提高；人們越來越忙碌、越來越功利，越來越計較每一份付出所應得的回報；人們的活動範圍不斷拓展，人際交往越來越多，人際關係越來越微妙複雜；社會分工不斷細化，貧富差距越來越顯著。

這樣一個紛繁複雜的大環境要求人們必須具備較高的心理素質來適應時代

與社會的要求，然而現實狀況並不樂觀：有些人整天愁眉苦臉、心煩意亂，更有甚者必須依靠安眠藥才能入睡，長期在苦悶、抑鬱中掙扎、煎熬，甚至走向自殺的絕路；有些人終日借酒澆愁，喝酒成癮；有些人與社會為敵，公然反社會危害大眾；而另有一些人因為長期的鬱悶心理，身體免疫力下降，感冒不斷，或者患慢性胃炎、胃潰瘍等；也有人成天宅在家裡，恐懼社會，不敢與他人正常交往；有人沉溺於虛擬的網路，無法適應現實世界……據世界衛生組織數據，功能殘缺最大的前十位病人中有五個屬於精神障礙；據預計，2020年，中國的神經精神疾病負擔將上升至疾病總負擔的四分之一。而目前，中國13億人口中有各種精神障礙和心理障礙患者1,600多萬，1.5億青少年人群中受情緒和壓力困擾的青少年就有3,000萬。心理健康問題的緊迫性越來越受到全社會的關注。

一、心理健康的界定

每個人都非常珍視健康。世界衛生組織給健康下的定義為：「健康是一種身體上、精神上和社會適應上的完好狀態，而不僅僅是沒有疾病及虛弱現象。」從世界衛生組織對健康的定義中可以看出，現代意義上的健康與我們傳統的理解有明顯區別，它包含三個基本要素：①身體健康；②心理健康；③具有社會適應能力。其中，身體健康和心理健康是健康的兩個維度，社會適應能力是心理健康的表徵。真正的健康包括軀體健康和心理健康兩大部分，兩者密切相關，缺一不可，無法分割。

作為健康重要維度之一的心理健康有廣義和狹義之分。廣義上的心理健康是指持續穩定的高效、滿意的心理狀態；狹義的心理健康是指個體認知、情感、意志、行為、人格等基本心理活動的過程和內容的完整、協調。心理健康的個體能夠適應環境發展，能正確地自我認知、自我調節，正確應對外在環境的影響，從而使個體的心理保持平衡、穩定。與心理健康相對應的是心理亞健康以及心理病態。

心理健康與身體健康一樣，是現代健康的重要方面。怎麼樣才算是心理健康呢？誠如人的生理健康指標都有一個合理的區間，心理健康也是有標準的。瞭解心理健康的標準對於個體自己心理健康的自我診斷或者對他人心理健康的合理判斷都非常重要：如果發現某個或者某幾個方面與心理健康的標準有一定的距離，那麼就應該及時調整；如果發現嚴重偏離，就應該及時就醫，以免延誤時機。

心理健康是一個人的生理、心理與社會處於相互協調的和諧狀態，其典型

特徵如下：①智力正常。智力正常是人們生活、學習、工作的最基本的心理條件。②情緒穩定與正向。情緒穩定是心理健康的重要標誌，它表明一個人的中樞神經系統處於相對的平衡狀態，意味著機體功能的協調。一個心理健康的人，行為協調統一，其行為受意識的支配，思想與行為相統一且有自控能力。如果一個人的行為與思想相互矛盾，注意力不集中，思想混亂，語言支離破碎，做事雜亂無章，就應該進行心理調節。③良好的人際關係。人是一個社會性存在，在社會交往中獲得社會認同和自我認同，因此要善於與身邊的人友好相處，建立良好的人際關係。一個人不可能一直處於良好的心理狀態中，當出現心理不適時，與社會支持系統交往是獲得心理健康的重要方法與手段。④良好的適應能力。世界如此紛繁，變化如此多端，每個人的一生中會遇到許多變化：環境的變化、人事的變化、自身的變化。因此，每個人應當具有良好的適應能力，無論面臨什麼樣的變化，都能承認這種變化並適應這種變化。⑤內省能力。每個人從出生到終結，都是生命體驗的過程，在這個過程中體驗生老病死、滄海桑田，也體驗自己由懵懂無知的個體逐漸成長為睿智進取、智慧充盈的個體。內省能力對於每個人的成長和進步而言，是必須具備的，它讓個體意識到當下自己的不足以及這種不足對個體進步會帶來何種阻力，並反思應該如何改進。

不同的學者對於心理健康應該具備的品質有不一樣的看法。Diener 指出心理健康的三個重要標誌[1]：①主觀性。心理健康是個人的主觀體驗，客觀條件只作為影響主觀體驗的潛在因素。②積極方面。心理健康並非僅僅是消極的心理因素少，同時也是積極的心理因素較多。③全面性。心理健康應包括個人生活的方方面面。馬斯洛認為心理健康的人要具備下列品質：①有效覺知現實的能力；②自發獨立的思想；③自我悅納，悅納他人；④人格獨立，忍受並欣賞寧靜；⑤注意哲學與道德的理論；⑥對於日常生活保持興趣；⑦願意幫助別人，並且擁有深度有質量的親密關係；⑧幽默、開朗、樂觀；⑨能夠體驗歡樂與悲傷。中國學者認為心理健康應包括這樣的內容：一是能積極調節自己的心理狀態，順應環境；二是能有效地、富有建設性地發展和完善個人生活。目前傾向性觀點認為心理健康是一種良好的持續的心理狀態與過程，表現為個人具有生活的活力，有積極的內心體驗和良好的社會適應力，能有效地發揮個人的身心潛力以及作為社會一員的積極的社會功能。[2] 黃希庭採用綜合觀點，經多

---

[1] Diener, E. Subjective well-being [J]. Psychological Bulletin, 1984 (95)：542-575.
[2] 宋德如. 大學生心理健康研究 [J]. 中國校醫, 2001, 15 (2)：151-153.

年研究提出了健全人格的特徵：樂於學習和工作，不斷吸取新經驗；以正面的態度看待他人和自己；以正面的態度看待過去、現在和未來；以正面的態度對待困難和挫折，能調控情緒，心境良好；總之，以辯證的態度對待世界、他人、自己、過去、現在和未來、順境與逆境，做一個自立、自信、自尊、自強、幸福的進取者。

國際心理衛生大會對心理健康進行了更具有操作性的定義。第三屆國際心理衛生大會對此定義為：所謂心理健康，是指在身體、智能以及情感上與他人的心理健康不相矛盾的範圍內，將個人心境發展成最佳狀態，具體表現為身體、智力、情緒十分協調；適應環境，人際關係中彼此能謙讓；有幸福感；在工作和職業中，能充分發揮自己的能力，過有效率的生活。除此之外，人們從不同的角度對心理健康進行了定義，總體來說，包含兩大方面：一是與絕大多數人相比，其心理功能是正常的，無心理疾病；二是能積極調節自己的心理狀態，順應環境，能有效地富有建設性地發展完善個人生活。基於以上觀點，有學者認為，心理健康是指個體在適應環境的過程中，生理、心理和社會性方面達到協調一致，保持一種良好的心理功能狀態，認為人的心理健康包括以下七個方面：智力正常、情緒健康、意志健全、行為協調、人際關係適應、反應適度、心理特點符合年齡。

以下摘取了文庫中對以上幾個方面的部分介紹。

智力正常[①]

智力正常是人正常生活最基本的心理條件，是心理健康的首要標準。世界衛生組織（WHO）提出的國際疾病分類體系，把智力發育不全或阻滯視為一種心理障礙和變態行為。

情緒健康

心理健康者善於協調與控制情緒，心境良好，能經常保持愉快、開朗、自信、滿足的心情，善於從生活中尋求樂趣，對生活充滿希望，更重要的是情緒穩定性好。

意志健全

心理健康者具有較強的意志品質，健康的意志有如下特點：目的明確合理，自覺性高；善於分析情況，意志果斷；意志堅韌，有毅力，心理承受能力強；自制力好，既有現實目標的堅定性，又能克制干擾目標實現的願望、動機、情緒和行為，不放縱任性。

---

① 佚名. 什麼是心理健康［DB/OL］. http://www.docin.com/p-613385049.html.

人際關係適應

人際關係適應的表現：一是樂於與人交往，既有穩定而廣泛的人際關係，又有知己的朋友；二是在交往中保持獨立而完整的人格，有自知之明，不卑不亢；三是能客觀評價別人，以人之長補己之短，寬以待人，友好相處，樂於助人；四是交往中積極態度多於消極態度。能動地適應和改造環境，保持人格的完整和健康。

人格完整健康

人格完整健康的主要標志是：
①人格的各個結構要素都不存在明顯缺陷與偏差。
②具有清醒的自我意識，不產生自我同一性混亂。
③以積極進取的人生觀作為人格的核心，並以此有效地支配自己的行為。
④有相對完整統一的心理特徵。

心理行為符合年齡特徵

一個人的行為符合自己的年齡特徵，沒有嚴重偏離自己的年齡特徵。

為了達到上述心理健康各方面的指標，可以重點關注以下三方面：

生理方面

①實行優生政策，避免先天性有害生理影響，保證良好分娩過程。
②保證兒童期營養，以消除生理和心理上的緊張和壓力。
③提供免疫和其他醫療措施，防止感染疾病。
④加強體育運動，增強體質。

心理方面

①在嬰兒期給予充分的母愛和關懷，提供友愛、溫暖和鼓勵的養育氛圍。
②進行必要的社會行為訓練，發展兒童的活動能力及探索精神。
③提供科學的家庭、學校和社會的教育和訓練。
④對壓力給予充分的心理支持與幫助。
⑤培養樂觀、積極、幽默與愛的情緒；善於控制和調節不良情緒。
⑥發展人際關係的能力，提高面對人生各轉折期的適應能力。
⑦樹立積極健康的人生哲學。

社會方面

①減少社會壓力。
②良好的社會生活環境和健全的生活設施。
③有效控制嗜酒、菸癮及藥物依賴，防止性病。
④健全醫療保健機構，構成社區心理衛生網路。

對於心理健康的概念界定，不同的學者從不同的角度提出了自己的觀點。綜合以上學者對於心理健康的概念，本研究所取的大學生心理健康是指擁有健全人格和良好、持續的心理狀態與過程，以正面的態度對待困難和挫折，能調控情緒，以辯證的態度對待世界、他人、自己、過去、現在和未來、順境與逆境、自立、自信、自尊、自強、進取，具有生活的活力，有積極的內心體驗和良好的社會適應力，能有效地發揮個人的身心潛力以及作為社會一員的積極的社會功能。

二、大學生心理問題類型

大學生正處於青年期向成年期的轉變階段，處於逐步走向成熟、走向獨立的時期，一系列人生課題需要去解決，如專業知識的儲備、智力潛能的開發、個性品質的優化、職業的選擇、為將來的家庭生活做準備等，由於大學生的心理發展尚未完全成熟，自我調節和自我控制能力還不強，在處理學習、社交、愛情、擇業、挫折等複雜問題時，常常會出現內心矛盾衝突的情況，帶來煩惱、焦慮、苦悶等消極情緒體驗。加之大學生是社會生活中最敏感的群體，時代的變遷和衝擊在他們的心靈中引起的激盪是最為明顯、最為強烈的；現代社會競爭激烈，各種文化思潮的衝擊，多種價值觀念的衝突，使大學生的需求過高但滿足相對不足、心理緊張壓力但排遣能力不足、心理刺激集中但轉移空間不足，這些都可能使大學生產生心理問題或心理困擾。常見的心理問題類型有如下幾種：

1. 自卑心理

一些大學生容易產生自卑感，以己之短比人之長，妄自菲薄，與人交往時畏手畏腳，瞻前顧後且沒有自己的主見，習慣於從眾和附和他人，缺乏應有的自信心，無法發揮自己的優勢和特長。自卑心態如得不到改變，久而久之有可能逐漸磨損他們的膽識和個性。

2. 拖延心理

拖延症是當代大學生乃至現代人經常出現的問題。這個問題從表面上看是行為的問題，即不及時採取行動，在臨近或者超過事情完成期限的臨界點時才開始著急、抓狂，但實際上是心理問題，是自控力的嚴重缺陷，是超我對於本我的過度退讓或缺位。周而復始的拖延症會帶來煩躁焦慮的負面情緒。

3. 恐懼心理

其主要見於性格內向、閱歷較淺、少言寡語的大學生人群，他們過分看重別人對自己的看法，在採取任何行為或者說話之前，首先要考慮的是別人會怎

麼看我，怎麼說我呢？萬一出醜怎麼辦呢？久而久之就產生社交恐懼，這種恐懼會進而發展成怯懦，如果不及時克服，會阻礙大學生人生規劃與夢想的實現。

4. 逆反心理

在別人發表意見後，有些人不管自己本身是否同意其觀點，不管是非曲直，總會條件反射地發表一番與之不同的觀點，以此表明自己的標新立異、與眾不同或技高一籌。這種逆反心理模糊是非曲直的界限，沒有自己的原則和標準，容易給人淺薄之感並帶來人際關係的緊張。

5. 嫉妒心理

大學生是一個群體，以宿舍為居住單位，以班級為組織結構單元，大學的學生管理為樹立榜樣、發揮先進的示範激勵作用，會經常選拔、表彰優秀個人、優秀集體，或者組織各項活動，讓少數大學生從中脫穎而出。這一方面確實能夠起到激勵部分思想懈怠同學的作用，但同時也有少部分同學一方面羨慕別人的成績，但又將別人的成績不是歸因為其自身的努力而是外部因素，因此產生嫉妒心理。嫉妒心理不利於學習別人的長處，不利於人際關係的融洽。

三、心理異常的原因

時效波在《需求鬥爭獎賞與精神疾病》一文中，從生物學、心理學和哲學的角度，科學地論述了正常心理轉向異常心理的原因，「心理是人腦的機能，人腦是生命與環境長期進行矛盾鬥爭的產物，人類進化發展過程中的矛盾鬥爭，形成了『需求─鬥爭─獎賞』這一人類特有的心理、行為活動規律；作為個體的人，其一切為滿足需求的鬥爭活動和相應情緒，都是在腦的指揮、控制和感受下產生的，都遵循著需求鬥爭獎賞規律。」這個觀點可以作為探尋大學生心理健康若干問題的視角之一。

（一）需求鬥爭獎賞規律

什麼是需求鬥爭獎賞規律？不同的個體由於不同的現實條件，所以有不同的需求，因此會在不同的領域產生不同的滿足需求的鬥爭，在鬥爭中隨著目標的達成或失敗、趨近或漸遠會產生不同的情感效應，久而久之，經常進行的需求鬥爭模式固定下來，經常發生的情感效應模式也固定下來，進而影響人的身心和生活。

時效波認為，「需求─鬥爭─獎賞」是人類正常生存發展進化的前提和基礎，沒有需求，就沒有鬥爭的動力，也不會有獲得獎賞的快樂，人類就不會進化和發展。但是，不是所有的需求都是合理的，不是所有的鬥爭都是有益的，

不是所有的獎賞都是具有進化意義的。如果違背規律，選錯鬥爭對象，或者採取了錯誤的鬥爭方式，那麼就有可能無法獲得鬥爭的獎賞，或者即使鬥爭了獲得進展，也不能獲得愉悅的獎賞，這樣就必然產生負向的消極情緒，甚至有可能發展為心理疾病。

(二) 需求鬥爭獎賞與精神疾病

需求鬥爭獎賞到底與人類的精神疾病有何關係？此處有必要區分正常人和抑鬱症等精神疾病患者的區別。正常人有主導需求，並在此需求下滿足需求，進行鬥爭，鬥爭有進展、獲得獎賞；相反，抑鬱症的人無主導的需求，所進行的鬥爭無動機、無興趣。值得注意的是，此處「無主導需求」並非無需求，而是基本需求得到滿足後，患者沒有了激發興趣和熱情的需求，迷失了鬥爭的方向。這並不是說患者所處的實際環境必須優越，而是有可能患者主觀上意識不到環境的壓力和鬥爭的必要性，產生不了鬥爭的主動性和積極性——此處的鬥爭並非爭強好勝或者打鬥，而是採取行動滿足需求。另外一種可能是患者的日常行為雖然實際上達成了一些目標，但由於這個目標沒有成為患者的主導性需求，因此沒有體驗到應有的愉快的獎賞，無法形成「需求—鬥爭—獎賞」的良性循環。

抑鬱症是沒有主導需求，但有的精神疾病卻是主觀放大不良認知感受，並以消除這種不良感受為主導需求。由於這種感受是被主觀放大的，偏離了正常人的需求滿足方向，因此在滿足主導需求的鬥爭中經常進行著無進展、無獎賞的鬥爭，可能會導致神經質症的症狀。比如正常人在新聞上看到有人發生煤氣中毒事件後會警覺，提醒關好自家的煤氣。這種緊張和不安在日常生活中是正常的也是有益的，只要確認關好後就會消除緊張感。但是強迫症患者會一直保持這種緊張和不適感，無時無刻都感受到危險環境的存在，總想拼命消除，總覺得自家煤氣閥門沒關好，反覆檢查後確認關好了還是放心不下，這是無進展獎賞的鬥爭，這種反覆無果的鬥爭會進一步產生焦躁，更加敏感，從而形成精神交互作用，陷入惡性循環，而當這種不安感被病態地固定下來，就形成了影響生活的神經質症。普通神經質症、強迫神經質症和焦慮神經質症等都是以消除身心的不良認知感受為主導需求，進行著無進展、無獎賞的鬥爭為特徵。

以上分別對無主導需求所導致的抑鬱症和主導需求偏離的神經質症進行了分析，還有一種是客觀存在主導需求，但是當事人卻逃避這種需求，逃避主導需求的滿足，不採取鬥爭。比如眼看一場重要的考試就要來臨，有的大學生感受到危機和壓力，但是卻不採取有效的行為如趕緊備考來減壓，而是不自覺地採取了逃避的方式，如肚子疼、頭疼、痙攣、神遊物外，更有甚者昏迷狂亂。

這就是雖有主導需求，卻逃避鬥爭，無獎賞而引發的癔症。

另外，還有一種情況就是人腦出現問題，無法正常地進行認知、情感和意識活動，無法正常地辨別主導需求，因而也無法正常鬥爭。這是精神病患者需求鬥爭獎賞機制失靈的原理。

當然，以上只是對幾類精神疾病用「需求—鬥爭—獎賞」的視角進行瞭解釋，心理問題與精神疾病相比程度要輕很多，但也是能找到相應的依據。拖延心理是對主導需求的迴避，嫉妒心理認準了主導需求，但是在滿足主導需求時，採取了不合理的鬥爭方式，自卑心理和恐懼心理都意識到了主導需求，但由於沒有及時有效地進行鬥爭來滿足，導致獎賞不及時。

四、大學生心理健康的現狀調查

對於大學生心理健康現狀的研究，研究者不約而同地關注大學生的精神壓力、抑鬱、焦慮與自殺等問題，對於貧困大學生、面臨就業的畢業生、高職院校的大學生、師範生等特殊大學生群體的心理問題更是給予了專門的研究。

(一) 年級差異

從大一、大二、大三、大四四個年級的差異來說，呈現兩頭高中間低的特點。處於畢業年級的大四學生的抑鬱狀況顯著高於其他三個年級，而大一新生的抑鬱問題又嚴重於大二、大三年級的學生。這種情況的出現，是因為大一學生處於高中到大學的轉折期，面臨著重要的適應問題，而大四學生面臨就業、考研等重大人生抉擇。陝西師範大學心理學院的李彩娜等人運用抑鬱量表（CES-D）和青少年自我中心問卷，對439名大學生的抑鬱問題進行了實證研究，結果發現，大學生抑鬱的檢出率高達48.52%，不同年級的學生存在明顯差異。就業難給畢業年級的大學生心理帶來一定的壓力，有的學生甚至因此自殺。因為這種壓力的存在，高校畢業生總體上有一定程度的不良心理應激，主要表現為焦慮、抑鬱、強迫、人際敏感等症狀，具體表現為「常常失眠」「身體倦乏」「感到緊張或容易緊張」「感到要很快把東西做完」「對很多事物不感興趣」「經常責怪自己」「感到孤獨」「感到苦悶」「不能集中注意力」「忘性大」「做事必須反覆檢查以保證做的正確」「難以做出決定」「感情容易受到傷害」「感到比不上他人」「容易煩躁和激動」等症狀。

(二) 家庭經濟條件差異

從家庭經濟條件差異來說，家庭經濟狀況較差的學生的抑鬱檢出較高。吳燕等人對九江市四所高校一到四年級500名貧困大學生的社交迴避及苦惱狀況進行了調查。研究結果表明，貧困大學生在社交迴避、苦惱總量表、迴避分量

表、苦惱分量表的得分均顯著高於非貧困生，說明貧困生具有較高水平社交退縮行為與焦慮體驗。研究者指出，與一般大學生相比，貧困大學生自卑心理較重，自我評價較低，通常低估自己的能力和水平，缺乏自信，性格內向、孤僻，感情脆弱。這些特徵使他們不善於與周圍的人進行交流和溝通，在交往中感到苦惱。張玉萍在無錫所做的調查發現與這一研究結果一致。通過對無錫商業職業技術學院343名貧困生進行調查，她發現貧困大學生存有比較突出的「心理貧困」問題，具體體現在：①自卑自閉，離群索居；②過度自尊，敏感多疑；③抑鬱和焦慮；④攻擊和冷漠。周珂專門探討了當前中國高校貧困大學生自尊狀況，她發現高校貧困大學生的自尊狀況總體良好，但其總體自尊水平普遍低於非貧困生。此外，貧困生較多地表現出內隱自尊與外顯自尊之間的不一致，有的貧困生有意識地保持積極的自我觀，但實際上只是不願意承認消極的自我感受，表現出明顯的防禦反應。部分貧困生的自尊心較為脆弱，穩定性不足。周珂指出，與非貧困生相比，貧困生更容易出現自卑、焦慮、緊張性高、人際關係敏感等問題。現實與期望的反差和周圍老師、同學甚至社會上某些不恰當的態度，會進一步加劇貧困生的自卑、無望，有的甚至會釀成嚴重後果。

　　研究者指出，家庭經濟條件一般但父母工作收入微薄的大學生在社會比較的過程中通常會體驗到較多的自卑感。他們努力學習，唯恐成績不好對不起父母，不願意接受失敗和挫折，擔心畢業後找不到好工作無力回報父母。這些心理負擔都會無形之中增加其壓力感，若壓力適度，則能夠促進家庭經濟困難的大學生自立、自強，即俗話所說的「窮人的孩子早當家」；但如果壓力程度與大學生的心理承受能力不匹配的話，再加之得不到良好的社會支持，就可能進一步導致抑鬱等心理問題。

（三）大學類型差異

　　研究者在對一般院校大學生心理問題的總體性關注的同時，也關注了師範院校、高職院校學生等大學生群體的心理健康問題。師範院校大學生的心理健康不僅關係到他們個人的生涯發展，對該校未來學生的發展也有重要影響。為了探討師範院校大學生焦慮狀況及其影響因素，河南師範大學魏俊彪等人用「狀態-特質」焦慮量表、家庭親密度和適應性量表、青少年生活事件量表對515名師範院校大學生進行問卷測查，結果表明，師範院校學生狀態焦慮高而特質焦慮顯著低於常模，但性別差異不顯著；非獨生子女、來自鄉村、三年級、母親受小學及以下教育學生的焦慮程度顯著高於獨生子女、來自城鎮、一年級、母親受較高教育的學生；師範生的焦慮與生活事件各因子呈正相關，與

家庭親密度和適應性呈負相關。在這些研究發現的基礎上，研究者指出，師範大學生狀態焦慮較突出，但特質焦慮不嚴重，其焦慮受社會、學校、家庭多種環境因素影響，負性生活事件、家庭親密度、適應性與焦慮有一定關係，部分因素能較好預測焦慮狀況。吳麗枚指出，高職院校大學生是心理危機發生的高危人群，由於他們處於本科教育與中等教育的中間層次，往往較容易產生矛盾心理、自卑與無助的心理困惑。這一觀點，得到周燕琴等研究支持，他們通過對400名高職生的調查發現，高職生的心理健康水平顯著低於國內青年常模，高職院校大學生心理健康水平總體狀況很不樂觀。在性別差異方面，女生的心理狀況差於男生，生源地方面農村學生差於城市學生。後續研究顯示高職生的心理問題與其就業壓力緊密關聯，38%的高職院校學生對於就業前景感到迷茫沒有信心，46.75%的學生認為造成他們心理壓力最主要的因素是就業壓力。

（四）大學生自殺問題

近年來，與抑鬱相關的大學生自殺問題日漸凸顯。上海社科院青少年研究所曾燕波的研究指出，自殺是中國15～34歲年輕人死亡的第一原因，而人格障礙和情緒失調則是導致大學生自殺的首要原因。南昌大學陳建華等人通過分析某省高校大學生連續6年裡自殺的46起案例，對大學生自殺的誘因進行了深入地分析。他們的研究發現，大學生自殺的誘因大致分為以下幾類：①戀愛問題。在他們所收集的46個案例中戀愛問題引起的共有12例，占總數的26%。②自殺者生前患有嚴重的心理疾病。這在所收集的案例中有9例，占總數的20%。③自殺者家族有不同類型的精神疾病患病史，該類型共有6例，占總數的13%。④學習壓力過大最終導致自殺的，在所收集的案例中共8例，占總數的17%。⑤因身體患病長期治療未果，內心痛苦、情緒不穩而走向極端的共6例，占總數的13%。⑥人際關係適應不良等因素引起的案例有5例。為引導大學生珍愛生命，防範大學生自殺，有必要幫助大學生建立合理認知觀念，樹立正確價值觀，對人格障礙大學生給予適時關懷，學校要開展心理健康教育工作以提高學生應對挫折能力。

五、對大學生心理健康影響因素的研究

對大學生心理健康影響因素方面的研究，著重從大學生心理健康與個性心理發展、學業成績等關係來進行探討。陳建文、王滔應用自尊問卷、大學生自我統合問卷研究大學生自尊、自我統合與心理健康關係，發現大學生自尊、自我統合與心理健康具有密切關係，且自我統合比自尊與心理健康的關係更密切。張愛蓮、朱阿麗運用臺灣學者余安邦、楊國樞編製的學業成就動機問卷作

了大學生心理健康水平與成就動機關係的探討，發現自我取向成就動機可能有利於維護心理健康。陳嶸、秦竹、許秀峰等應用症狀自評問卷（SCL-90）、特質應對方式問卷（TCSQ）、社會支持評定問卷（SSRS）、多維度-多歸因因果問卷（MMCS）測評發現：大學生總體心理健康水平較低，改善應對方式和心理控制感可能有利於提高貧困大學生的社會支持度和心理健康水平。張迪然、鄭勇等應用 SCL-90、EPQ、16PF 探討個性與大學生心理健康的關係，發現大學生心理健康狀況與個性特徵、生活事件、民族文化和環境因素等有關。近年來也有不少研究探討圖書館、舞蹈、體育運動在大學生心理健康中的作用。

1. 家庭因素

家庭是塑造人格的基本環境，不少研究表明家庭中的各種構成因素會影響個體的人格表現和個體的心理健康。然而受研究具體對象、內容和方法不同的制約，各種相關研究的具體結論也有很大區別。如 Millikan 等人用愛森克人格問卷調查發現家庭的作用和大學生的抑鬱有顯著的關係，但和焦慮的關係並不顯著；李榮等人採用 16PF 人格測驗發現獨生子女和非獨生子女之間人格表現有差異，但各有所長；付海榮以 SCL-90 為工具，發現除父母職業外，生源地、是否獨生等與 SCL-90 各因子均有顯著性相關；張成玉參照 SCL-90 編製心理問題自評量表，發現父母間的感情對高職生的心理健康有顯著影響，而是否獨生子女並沒有顯著影響等。曾美英（2008）通過對北京某大學 6,165 位同學進行問卷調查，研究父母婚姻狀況、家庭子女數、父母的文化及工作單位等家庭因素對大學生心理健康狀況的影響，結果表明家庭的多種因素對大學生的心理健康產生了顯著的影響，父母離異的比正常家庭的大學生心理健康水平差，主要表現在抑鬱、焦慮、敵對或者精神病性等因子上；父或母去世對大學生心理健康的影響在統計學上不顯著；兄弟姐妹為 2 個或 3 個的大學生心理健康的總體水平明顯差於獨生子女，主要表現在強迫、人際關係敏感、抑鬱、恐怖和精神病性五因子上；父親、母親的文化程度為初中或以下文化的大學生心理健康水平最差。其他兩組大學生的心理健康水平則表現出相對複雜的情況。在軀體化、敵對和偏執因子上，父親學歷的因素有顯著影響，父親是大學或以上文化的大學生的心理健康明顯不如父親是高中或中技文化的大學生。在人際關係敏感上，母親是大學或以上文化的大學生的心理健康則明顯好於母親是高中或中技文化的大學生；父親或母親為城鎮無固定職業的對大學生的心理健康會產生極為明顯的不利影響，父母的單位性質對大學生的心理健康影響不明顯。

2. 思維方式

路翠萍（2008）首先通過比較高、低心理健康水平組思維方式的差異發現：高心理健康水平組思維的協變性和變化性顯著高於低心理健康水平組，低心理健康水平組思維的矛盾性顯著高於高心理健康水平組。進一步的分析表明：思維的協變性對焦慮、強迫、抑鬱和人際敏感及總體心理症狀均有著顯著的負向作用。思維的矛盾性對焦慮、強迫、抑鬱和人際敏感及總體心理症狀均有顯著正向作用。Peng、Nisbett 認為西方非辯證思維的一個主要特徵是其非矛盾性，而中國辯證思維允許矛盾性的存在。因此，大學生思維的矛盾性意味著認識到事物的矛盾性和不一致性並坦然承認和接受。這種模糊性和不確定性可能導致個體內心衝突，因而產生一定程度的心理問題。

3. 學業受挫等

針對大學生，史小力（2004）以 408 名學業不及格大學生為研究對象，測查學業受挫大學生心理異常發生比率，同時配合以自製的問卷調查表進行問卷調查，瞭解大學生學業受挫的成因及大學生學業受挫後的心理狀況　　。結果發現，學業受挫大學生心理異常發生比率較高，不同補考次數學業受挫大學生心理健康狀況存在差異，大學生學業受挫歸因存在一定誤區。不少研究者還從大學生父母的教養方式、家庭結構與家庭環境、高校的心理健康教育模式、高校心理健康師資力量與水平、社會的發展變化、社會價值衝突等方面來探討和分析影響大學生心理健康的原因。研究者認為，大學生的心理健康問題是生理、心理、社會諸多因素共同作用的結果。

學業受挫會給大學生帶來種種不良心理反應。學業受挫是導致大學生心理異常的原因，學業受挫給大學生帶來的種種不良心理反應又是影響大學生再學習的重要原因，應幫助學業受挫大學生走出學業困境。

不少研究者還從大學生父母的教養方式、家庭結構與家庭環境、高校的心理健康教育模式、高校心理健康師資力量與水平、社會的發展變化、社會價值衝突等方面來探討和分析影響大學生心理健康的原因。研究者認為，大學生的心理健康問題是生理、心理、社會諸多因素共同作用的結果。

六、對提高大學生心理健康的方法和途徑的研究

關於提高大學生心理健康的方法和途徑的研究主要集中在兩方面。一是理論探討，這些探討強調通過改善和營造大學生心理健康的外部環境以及提高大學生自身的心理健康水平來解決存在的心理健康問題，認真開展大學新生心理健康普查，做到有問題早發現、早預防和早治療，加強貧困大學生的自我調適

與外界干預，針對大學生的身心發展特點以及不同年級、不同專業開設心理健康課程及專題講座；建立和完善大學心理諮詢機構，建立大學生心理健康檔案，重視大學校園文化建設，培養大學生正確的自我意識和擇業心態，啓發大學生辯證地看待和分析所面臨的問題或挫折，是解決大學生心理健康問題的主要方法與途徑。近年來，有研究提倡用無意識教育和生命教育來提高大學生的心理健康水平（陳志厚，2010；李巧巧，2015）。關於提高大學生心理健康的方法和途徑研究的另一方面是干預研究，主要是在學校背景下進行的針對全體或部分大學生的研究，干預的方法主要是通過課程化的心理行為訓練及團體心理輔導技術或活動來減少或消除大學生的心理健康問題。如對大學生的學習策略輔導與學習心理效能的訓練，通過小遊戲、自畫像、分組討論、角色扮演、體育運動等形式來提高大學生的人際交往水平等。這些干預手段與方法對於改善和提高大學生的心理健康水平發揮了較為積極的作用。

綜合以上大學生心理健康研究的幾個方面可以得出，對大學生的心理健康現狀的研究主要是採用國外公認的或研究者自己編製的各類心理健康問卷或調查問卷對大學生的心理健康現狀進行測查。測查的對象為一般大學生群體，特別是新生大學生群體、貧困大學生群體成為一些研究者關注和測查的重點。測查的內容涉及大學生心理健康的方方面面，如心理衛生狀況、自我同一性、自我效能感、人格特徵、情緒智力、學業受挫、自尊心、婚戀心理、網路心理、消費心理、人際交往、精神信仰、主觀幸福感、自殺態度、社會應激能力、求職或擇業心理等，並將測查的結果與常模或與其他因素進行比較分析或相關研究。這些研究，發現了中國大學生心理健康的諸多問題及明顯的年級階段性特徵，並發現大學生的心理健康在不同維度上有差異。如從年級看，一、四年級大學生的心理問題要多於二、三年級大學生；從性別看，女大學生的心理問題，特別是自尊心、就業心理壓力問題要多於男大學生；從地區看，農村貧困大學生的心理問題多於城市大學生等。

第三節　情緒管理與心理健康的關係研究概述

情緒是影響人類行為的重要方面，情緒管理是個體社會性發展的重要評價標準之一，良好的情緒管理對於促進人際關係和諧，減少壓力和促進心理健康有重要意義。

一、積極情緒對大學生心理健康的促進

積極情緒（Positive Emotion）是指與個體需要的滿足相聯繫的、伴隨愉悅主觀體驗的情緒。Fredrickson 提出的積極情緒的拓展-建設理論認為，積極情緒可以擴展個體瞬間思維活動序列，幫助個體建設持久的個人資源，如身體的靈活性、社會支持和心理彈性。這些資源和技能為個體更好地適應將來的環境做好了準備，以應對可能的不利狀況和負性情緒狀態。Stalikas 和 Fitzpatrick 認為，積極情緒對心理健康起到一種促進的作用。Davidson 則認為積極情緒是與接近行為相伴隨而產生的一種情緒[1]，積極情緒都伴隨有愉悅的心理過程。王振宏（2010）的研究設計了集體干預和個體干預兩種積極情緒的促進方法，來檢驗積極情緒對心理健康的作用，結果顯示干預促進積極情緒體驗，對幸福感、應對方式和 SCL-90 量表得分均有顯著的影響，即不僅改善了體現病態心理的 SCL-90 因子症狀，而且促進了體現積極心理的幸福感的提高和積極應對方式的改善。

鄧麗芳（2003）研究表明，情感變量與大學生的心理健康水平有重要影響。正向情感多，快樂感越多，心理健康水平就越高。日常中過多的負向情感得不到及時疏導和調節，很容易發展成情緒障礙，產生焦慮、抑鬱、人際敏感等各種心理疾病，對心理健康產生不良影響。因此，高校心理工作者應高度關注學生的情緒問題，不僅要從預防和矯正問題的角度出發，幫助大學生有針對性地預防和克服消極情緒，指導學生提高正確處理和調節自己消極情緒的能力，更應從發展角度入手，採取一些積極干預措施，例如像美國有些學校進行的合理情緒教育，或像芬蘭採用共情教育，培養學生的積極情緒，優化與情緒相關的良好心理品質，從積極面來促進他們的心理健康。

二、情緒表達對心理健康的影響

研究表明，情緒表達性與敵對、抑鬱、焦慮等因子均呈顯著負相關，且對人際敏感、敵對構成顯著迴歸效應，能解釋 91% 和 81% 的變異，對抑鬱、焦慮也有一定預測作用。這些研究結果都說明，恰當的情緒表達有利於減輕心理壓力，促進心理健康，減少心理疾病的發生。因此，培養情緒表達能力應成為大學生情感教育不可缺少的部分：一方面，大學生應鍛煉自己在不同情境、氛

---

[1] Davidson R. J., et al. Approach-Withdrawal and Cerebral Asymmetry: Emotional Expression and Brain Physiology [J]. Journal of Personality and Social Psychology, 1990, 58 (2): 330-341.

圍下的情緒控制能力，防止過度情緒化；另一方面，還應給自己提供能公開、無拘束表達情緒、情感的機會，特別是在受挫或感到不快時，應盡量找機會表達和發洩，以減輕心理上的壓力，促進心理健康。周婷等（2012）採用問卷法調查中國人對情緒表達抑制的使用情況並探索其與心理健康的關係，收集了265名被試對情緒表達抑制的使用及心理健康相關數據，結果顯示父母、好友情境下的情緒表達抑制與心理健康有一定相關。湯超穎等（2011）通過實證研究發現，對於壓力源與員工心理健康的關係，團隊情緒表達規範起到調節作用。

三、情緒穩定性與心理健康

按照情緒穩定性來劃分，人的情緒模式可分為兩種類型，即情緒穩定型和情緒不穩定型。情緒穩定的人一般情緒強度低，情緒狀態始終控制在一定限度內，不走極端；而情緒不穩定型的人一般情緒強度大，情緒狀態忽高忽低，喜怒無常，難以捉摸。人格心理學家認為，情緒穩定性不同，其人格特徵不同，而人格特徵不同的人其心理健康程度也會不同。心理學家在對情緒穩定性特質的縱向穩定性研究後發現：大多數人的情緒穩定性程度在30歲之後才極少變化，但在30歲之前還是有變化的可能性，而且年齡越小其變化的可能性就越大。劉連龍（2007）研究發現：①大學生的情緒穩定性程度決定著其心理健康程度；②情緒模式屬於穩定型者易於出現心理非常健康狀態，情緒模式屬於不穩定型者容易出現心理障礙；③情緒不穩定型人群是易於產生心理障礙的主要人群；④大學生的情緒穩定性對其心理健康程度具有很強的預測作用。因此，要將一個情緒不穩定的大學生改變為情緒穩定型，可以從以下兩方面嘗試努力：一方面是大學生本人應學會用合理的認知來取代不合理的認知，要像情緒穩定型者那樣，在遇到突發事情時應沉著冷靜，對事情應多進行些「冷處理」；另一方面，大學裡的教育工作者要學會善於捕捉情緒化色彩很濃的學生，積極引導他們養成情緒穩定型的習慣，及時消除易於引起學生情緒不穩定的因素。通過個體的不懈努力和外界的大力幫助，大學生的情緒穩定性程度就會上升，心理健康水平也自然會提高。

四、情緒作為仲介影響心理健康

盧敏（2009）認為，運動影響大學生心理健康時，情緒是作為仲介因素存在的。當代大學生的情緒狀態較不穩定，起伏較大，運動能夠緩解抑鬱情緒，降低慌亂，增強精力，提升自尊。在情緒的7個維度中，緊張、憤怒、疲

勞在運動影響心理健康中所起的仲介效應不顯著；抑鬱、慌亂、精力、自尊在運動影響心理健康中均起部分仲介效應，其仲介效應大小依次為精力、自尊、抑鬱、慌亂。當然，除了情緒因子的仲介作用外，運動對心理健康也有直接的促進作用，運動通過緩解抑鬱、降低慌亂、增強精力、提升自尊，對心理健康有間接的促進作用。建議高校開展豐富多彩的體育活動，吸引大學生經常參加體育鍛煉以提高精力、增強自尊感、緩解抑鬱、降低慌亂，促進大學生的心理健康。

第四節　已有研究述評

已有研究基礎是巨人的肩膀，對本研究起到了很好的奠基和啓發作用，但也存在一些尚需挖掘或拓展之處。

一、情緒管理研究的不足

（一）研究方法：質性研究和量化研究相結合較少

經文獻查閱，情緒的研究方法主要依靠自我報告、生理測量和行為反應，這些方法能測量被試的自我感受、生理指標和可觀測的行為，是典型的實驗心理學研究方法。當前大學生情緒管理、情緒調節研究中，這些方法的應用仍然占據主流，它們能揭示情緒是什麼和怎麼樣的問題，卻不能回答為什麼的問題。質性研究是探索為什麼的有效方法，與量化研究相結合使用能夠對大學生情緒管理現狀的深層次原因進行解釋。

（二）研究內容：積極情緒管理涉及較少

以往對情緒管理內容的研究大都集中在消極情緒領域，如焦慮、自卑、抑鬱、社交恐懼等，因此研究者所提出的情緒管理方法大多是基於消極的情緒體驗之上。而如今，一些研究者對這種現狀提出質疑，他們認為情緒的管理不僅是消除消極情緒，增加積極情緒，在更多情況下，是一種維持積極情緒與消極情緒之間平衡的過程。在積極情緒狀態中，也需要對正面情緒進行管理，否則會導致社會交往問題。例如一個學生如果因為自己取得年級第一而公開表達自己愉快無比的優越感的話，會使他失去許多好朋友。因此，在情緒管理的研究上，積極情緒的管理研究是值得拓展的領域。

二、大學生心理健康研究的不足

（一）反應大學生的心理問題、影響因素多，改進策略的實證研究不夠

雖然中國大學生心理健康的研究已取得長足的進步，但仍然存在改進的空間。這主要表現在現有研究中對大學生的心理問題分析居多，對影響大學生心理健康的因素分析也不少，但這些研究大多停留於解釋層面，解釋大學生心理問題的現狀是什麼和造成這種現狀的原因，而針對這種現狀如何改進，其具體的建設性的策略該如何的實證研究不多見，大多泛泛而談，應該可以更加精深地探討。另外，雖然中國對大學生心理健康教育的干預研究在逐年增多，但這些干預研究大多採用國外的心理諮詢和治療的理論與方法，比較籠統，針對性和操作性不強，本土化、具體性和操作性的干預措施研究不夠。

（二）西部地區、少數民族研究對象不夠

中國對大學生心理健康的研究對象與實施地點過於集中於北京、上海、廣州等大城市，對西部地區、少數民族等地區大學生的關注和研究還不夠，應加強。

第二章 理論依據與研究構想

第一節 理論依據

一、沙赫特-辛格理論

國際心理學家阿諾德（M. R. Arnold）在20世紀50年代提出了情緒的評定-興奮學說①。這種理論認為，從「S-R」的刺激反應模式來說，刺激情景並不能夠直接決定情緒的性質，從刺激的出現到情緒反應的出現，中間有一個重要的變量——評價。情緒產生的基本過程是「刺激情景—評估—情緒」。同一個刺激情境，由於主體對它的評價不一樣，會出現不同的情緒反應。刺激不能直接導致情緒，刺激是否能夠引發情緒以及會引發怎樣的情緒，必須通過「評價」的變量才能實現。

沙赫特（S. Schachter）和辛格（J. E. Singer）提出的情緒歸因論（Attribution Theory of Emotion）認為情緒產生決定於兩個主要因素，生理喚醒和認知因素，認知因素又包括對生理喚醒的認知解釋和對環境刺激的認識。沙赫特-辛格理論作出一種假設：所有情緒誘發的是相似的生理反應，個體不能通過觀察身體反應來確定情緒感受，而是基於所掌握的關於情境的所有信息來決定（Schachter & Singer，1962）。以上假設表明，一種情緒與另一種情緒之間的區別在於認知評價，而不是生理方面。

拉扎勒斯認為情緒是個體對環境事件知覺到有害或有益的反應，在情緒活動中，人們需要不斷地評價刺激事件與自身的關係。這種評價可以分為三個層次：初評價、次評價和再評價。韋納認為，人的情緒反應取決於對行為結果的

---

① 百度百科. 情緒認知理論 [DB/OL]. http://baike.baidu.com/link? url = RaBOSuGLp8TDGkxIq2SWauFe-Nw9h7KVLFsPFIXJcLulTR55MQhPcQSh9JBPXKk7 2Ruq85b3uVKAQRppJ04_7q.

歸因，歸因的內外部維度會影響情緒，內部歸因會引發與自我價值有關的情緒體驗，而外部歸因則相反。歸因的穩定性維度和控制性維度也對情緒有影響，如果將失敗歸因於不穩定的可以改變的因素，則充滿希望；歸因於穩定的不可改變的因素，則會失望和自暴自棄；將失敗歸因於自己可控的因素，就會產生內疚的情緒體驗。

二、情緒智力理論

美國心理學家薩洛維（P. Salovey）和梅耶（J. Mayer）教授在吸收認知心理學、情緒心理學以及教育學的研究成果的基礎之上發展了情緒智力理論。

情緒智力（Emotional Intelligence, EI）包含四個方面：第一，情緒的知覺、評價和表達的能力；第二，情緒對思維的促進能力；第三，理解感悟情緒的能力；第四，情緒調節能力。以上四方面的能力在發展過程中有先後之分，第一方面的情緒知覺最早發展，第四方面的情緒調節能力最為複雜，要到後期才能發展。情緒智力理論的核心觀點在於認知、管理自身或他人的情緒，適度地自我激勵，正確地處理人際關係。認知自身情緒，就是能根據現實情境辨別自己當下的需求，這種需求是否被滿足，以及由此產生的情緒的向度和強度。妥善管理自身情緒是指首先對當下自己的喜、怒、哀、驚、急、厭等情緒進行有效地辨識，然後依據這些情緒是否能促成目標的有效達成而對其進行調整，正向和負向、強度大小、表達方式等都是被調整的內容。自我激勵是指明確欲達成的目標和個體當下的起點，鼓勵自己以當下為起點，朝著目標出發並鍥而不舍地前行。認識他人的情緒，是指能夠設身處地地感受、判斷別人的情緒，瞭解情緒背後所蘊含的需求和動機，並作出適度的反應。有了對自我情緒的認知和對他人情緒的認知，則會極大提高個體的人際關係管理能力，個體善解人意，與人相處愉快自在，能夠引導組織走向共同的目標。

大學生的情緒管理能力與他們的情緒認知能力和情緒智力的發展有很大的關係，情緒的這兩個主要理論，可以作為我們建構大學生情緒管理能力的主要理論依據。

三、情緒調節理論

（一）Dodge 的情緒調節理論

Dodge（1989）認為情緒調節是激發一種活動以減弱、增強或改變另一種活動的過程。Dodge 及 Garder（1991）之後對這種情緒調節的界定進行分析，將情緒調節的過程梳理為三個範疇：神經生理範疇、認知體驗範疇和動作行為

範疇。然後依據調節過程的來源將情緒調節分為內部調節和外部調節：內部調節來源於個體內部，如個體的心理、生理、行為等；外部調節來源於個體以外的環境，如自然環境、社會環境以及文化環境。內部調節依據過程範疇又分為範疇內調節和範疇間調節：範疇內調節指在某具體範疇內調節，如在生理範疇內通過調節呼吸來調節緊張加速的心跳；範疇間調節指用一個範疇的激活和改變來調整另一個範疇反應的過程，如通過認知範疇的調整來改變行為範疇。外部調節又分為支持性環境調節和破壞性環境調節，支持的環境促進良好的情緒調節，如兒童成長過程中母親穩定情緒的支持作用，破壞性的環境使個體更容易陷入情緒失調之中，如家庭暴力對兒童情緒問題的影響。

（二）Campos 的情緒調節理論

Campes 等人於 1989 年以「關係」為核心概念來解釋情緒調節。他們認為情緒就是關係的過程，即對於個體的目標而言，如果內部環境或者外部環境與其之間的關係是促使達成的話，情緒就是建立、維持或中斷這些關係的過程。個體與環境的關係相對於個體的重要性程度取決於目標的重要性程度，取決於目標與個體相關聯的程度，以及個體的享樂傾向。有關情緒調節他們提出如下觀點：第一，動機過程、他人的情緒信號與個人享樂傾向在個體情緒的起源中起重要作用；第二，提出情緒調節包括調節行為傾向，即感覺滿意的時候推動行為傾向，必要的時候糾正行為傾向，危險的時候阻止行為傾向；第三，在個體與客體的關係中去理解情緒；第四，情緒調節研究應該著重關注情緒的引出、情緒的社會適應功能和情緒如何促進人格傾向的形成上來；第五，情緒調節過程包括三個階段——輸入調節、心加工調節、反應選擇和調整。

（三）Thompson 的情緒調節理論

Thompson（1990）認為情緒調節能力對於個體發展而言非常重要，而個體發展過程中的一些指標同時也影響著情緒調節的發展，如大腦皮層的興奮和抑制過程的發育、語言交流能力、推理能力等，另外個體的社會化程度也影響和制約著情緒調節的發展，個體管理情緒的發展就是一個個體與社會背景之間相互作用的協調過程。

Thompson（1994）為情緒調節提供了可操作的定義，他認為情緒調節是指個體為實現目標而對情緒反應（特別是情緒強度和持續性）進行監控、評估和修正的內在和外在的過程。

Thompson 的界定強調了以下幾個方面：第一，情緒調節的對象包括積極情緒，也包括消極情緒，情緒調節的內容是擴大積極情緒和抑制消極情緒；第二，情緒調節的途徑既可以依靠內部調節，也可以依靠外部因素，內部調節包

括調整分配注意力和重新估計環境或重新估計某種情緒誘因的方法，外部調節包括尋求改變環境或控制環境的多種應對策略；第三，情緒調節的內容包括改變情緒的類型以及改變情緒調節的強度，但是大多數情況下是改變情緒的強度；第四，情緒調節包括監測、評估和改變情緒反應的強度、時長和潛伏期這幾個步驟。

（四）Izard 的情緒調節理論

Izard（1991）將情緒視為一個獨立的系統，由生理的、表情的以及主觀體驗三個獨立的成分構成。Izard 將情緒調節劃分為生理調節、人格特質調節、自我調節、系統間調節、人際調節，其中生理調節、人格特質調節、自我調節、系統間調節屬於內部調節，人際調節屬於外部環境調節。個體生理遺傳決定了個體情緒閾限的差異，有人特別容易生氣，有人特別容易開心，情緒閾限是影響人們情緒調節特點的重要生理來源。生理調節是情緒動力系統驅動情緒成分之間的相互協調，如表情與情感體驗之間的相互調節等。人格特質調節是指穩定的氣質和人格特質通過影響認知發展進而影響情緒調節。例如羞愧的情緒特點與內向的人格維度相整合後的特質在社會環境中更容易受到傷害。自我調節是個體通過自身的努力調整自己的情緒，簡單的如嬰兒自我安慰技巧，複雜的如成年人的注意分配、注意調整、改變評價等。系統間調節是指連接著情緒、認知、行動等多個系統之間的協調，是認知、行為等情緒以外的系統可以調節情緒的主要機制。如果系統之間缺乏協調，強烈的情緒一旦出現，情緒的調節就難以實現。人際調節是指個體的動機狀態和環境因素也影響情緒調節，良好的環境滿足和支持個體的動機行為，將產生良好的情緒，反之將出現不良的情緒，有的環境有利於良好的情緒調節，有的環境不利於情緒調節。

第二節　研究構想

一、研究目的

鑒於文獻綜述中情緒管理研究和大學生心理健康教育研究存在的若干問題，也受限於人力、物力和財力，我們特別選擇西部的唯一直轄市——重慶市的大學生作為研究對象，著重研究大學生的情緒管理能力與心理健康的關係。具體而言：一是根據中國大學生的實際情況，編製具有較高信效度的大學生情緒管理能力問卷，用於測評大學生的情緒管理能力；二是用問卷測查並探討大學生情緒管理能力的特點，探索大學生情緒管理能力與大學生心理健康的關

係，考察大學生情緒管理能力在心理健康保護中的影響作用，為大學生心理健康的干預提供心理學依據；三是在量化研究的基礎之上進行質性研究，通過田野調查和深度訪談，瞭解導致大學生情緒管理和心理健康現狀的深層次原因。

二、研究假設

研究包括以下四個假設：

（1）大學生情緒管理能力分為情緒疏泄能力、活動轉移能力、尋求外界幫助能力、認知調控能力四個維度。

（2）大學生情緒管理能力具有學校、性別、專業、年級、生源地差異。

（3）大學生情緒管理能力與大學生的心理健康有相關關係。

（4）大學生的情緒管理現狀和心理健康現狀存在一些影響因素和深層次原因。

三、研究方法

採用文獻分析法、觀察法、訪談法和問卷調查法來確定大學生情緒管理能力的維度結構，然後採用因素分析法對維度結構進行檢驗和修訂。

採用相關分析、方差分析、迴歸分析和路徑分析的方法考察大學生情緒管理能力的現狀、大學生情緒管理能力的影響因素及其與大學生心理健康的關係。

採用質性研究方法，與之前的量化研究相結合，揭示大學生情緒管理、心理健康現狀的深層次原因。

第三節　價值與創新

研究的意義在於針對理論或現實的問題，在前人研究的基礎上，解決問題。本研究的價值與創新如下。

一、編製具有一定信效度的大學生情緒管理能力問卷

本研究根據已有的理論研究和專家訪談，依照嚴格規範的程序，進行《大學生情緒管理能力現狀調查》初始問卷的題項設計，在樣本中進行試測，並用 SPSS 軟件進行探索性因素分析，然後依據各題項的貢獻率，刪除部分題項，檢驗信度和效度，形成正式問卷。

二、測查大學生情緒管理能力的現狀

以此正式問卷在西南地區不同類型的高校大學生中進行大樣本的抽樣調查，用樣本特性估計總體特性，探索大學生情緒管理能力的現狀及其與心理健康的關係。

三、使用質性研究方法探測大學生情緒管理現狀的深層次原因

量化研究回答了「是什麼」和「怎麼樣」的問題——大學生情緒管理能力的現狀是怎樣的？它對大學生心理健康有著怎樣的影響？在量化研究的基礎上，進一步採用質性研究的方法，對「為什麼」的問題進行探索，即大學生為什麼會產生這種情緒管理現狀。

四、從大學生情緒管理能力與心理健康的關係中提出教育干預策略

從大學生情緒管理能力與心理健康的關係的研究結果中，提出針對性的教育干預策略。

第三章　大學生情緒管理能力問卷的編製

問卷是調查研究方法中用來收集資料的一種工具，是用於測量一系列變量的狀態及其相互關係的工具。本研究是一個定量研究，關注的是大學生情緒管理能力的特徵及其與心理健康的關係，本章的研究目的在於編製高質量的測驗工具來對大學生情緒管理能力的特徵進行測量，問卷中變量是「大學生情緒管理能力」，根據這個變量，需要找到相關的理論，確定該變量的維度，然後設立每個維度下的指標，然後根據各個指標考慮問卷中的問題怎樣設計、怎樣安排，以便於提高測量的可靠性和數據分析的有效性。

本研究的研究程序如下：

（1）編製大學生情緒管理能力的開放式調查問卷（見附錄1），對西南大學的部分學生進行調查，以獲得研究所需要的信息。

（2）根據開放式問卷所獲信息以及有關情緒維度的理論和心理學專家意見，確定問卷初始卷的維度和題項。

（3）用問卷初始卷對大學生進行施測，根據初測數據的統計分析結果，剔除部分題項，修訂初始問卷，形成正式大學生情緒管理能力問卷。

研究以西南大學不同院系大學生作為測試對象，共調查200人，收回有效問卷184份，最後採用SPSS for Windows進行數據的分析和處理。

第一節　初始問卷維度與題項的確定

問卷根據使用目的，可分為描述性問卷和分析性問卷。前者主要是瞭解現狀，但不準備對現狀的可能成因作深入的分析，比如人口普查表；後者則不僅

要瞭解現狀，還要盡可能地對成因進行探討。前者是後者的基礎，是後者的重要組成部分，後者是前者的深入發展。根據填寫方式，問卷可分為自陳式問卷和訪談式問卷。自陳式問卷即常見的被調查者獨立填寫的問卷，訪談式問卷是指由於調查對象沒有足夠的閱讀能力，或者為了督促調查對象認真填寫，調查者與被調查者之間採取一個讀題和記錄、另一個答題的方式進行問卷填寫。兩者的設計原理比較相似，但是前者設計要求更高一些，原因是被調查者在填寫問卷的過程中，如果有不理解的地方，沒有得到解釋的機會。當然，自陳式的問卷可以匿名，但訪談式的問卷就不能做到這點，被調查者在問卷調查的過程中，可能由於問題的敏感性或者其他考慮承受了一定的壓力，對於回答的真實性有一定的影響。

本研究採用自陳式問卷考察大學生的情緒管理能力，之所以選擇該方法是因為，它在情緒研究過程中呈現出其獨有的必要性[1]：能夠收集反應情緒強度和持續時間的資料，研究情緒體驗的情景和類型，瞭解情緒調控的程度及其個別差異。

根據開放式問卷所獲得的資料，參考國內外文獻資料、心理學專家意見並結合自己的構想，編製大學生情緒管理能力問卷的初試問卷，然後請心理學專家和大學生對題目進行審定，找出表述不清、難以理解或者有其他疑問的題目，加以修改，最後形成了以下四個維度、共103道題項的初始問卷（見附錄2）。

（1）情緒疏泄能力，指當大學生處於較激烈的情緒狀態時，以社會所允許的方式直接或者間接地表達其情緒體驗的能力，可分為直接疏泄與間接疏泄。

（2）活動轉移能力，指在處於情緒困境時，暫時將問題放下，從事所喜愛的活動以轉變情緒體驗的性質的能力。按其轉移的效果可分為兩類：即消極轉移和積極轉移。

（3）尋求外界幫助能力，指當大學生陷入較嚴重的情緒障礙時，主動向在心理方面能給予自己支持的社會網路，如親人、朋友或專業心理醫生等尋求幫助的能力。

（4）認知調控能力，指當個人出現不適度、不恰當的情緒反應時，理智地分析和評價所處的情境，分析形勢，理清思路，冷靜地做出應對的能力。

---

[1] 喬建中. 情緒研究：理論與方法 [M]. 南京：南京師範大學出版社，2003.

第二節　初始問卷的施測與分析

對初始問卷的施測與分析的程序如下：①用大學生情緒管理能力初始問卷對所選取的被試進行測試；②依據相關統計指標剔除初始問卷中的部分題項，確定正式問卷；③對問卷結果進行因素分析，並對抽取出的因素命名。

採用自編的大學生情緒管理能力問卷初始卷。初始卷為自陳式問卷，共103道題項，每道題有「完全不符合」「比較不符合」「不確定」「比較符合」「完全符合」五個選項，以單選迫選形式進行調查。為減少被試對題目的猜疑性，問卷題目隨機排列；問卷沒有給出標題以減少社會讚許效應；測試採用班級課堂團體施測，以保證被試回答時盡量少受干擾。

一、題項篩選（Analyse-data）

對有效數據進行因素分析，根據題項的負荷值和共同度來刪除部分題項，確定最後要保留的題項，確定問卷的正式卷。

本研究採用公認的項目評價和篩選標準取捨題項，具體刪除題項的標準如下（Kavsek & Seiffge-Krenke, 1996）[①]：①因素負荷小於 0.40（$a<0.40$）；②共同度小於 0.16（$h^2<0.16$）；③概括負荷（Substantial Loading）小於 0.50（$a^2/h^2<0.50$）；④每個項目最大的兩個概括負荷之差小於 0.25（$(a_1^2-a_2^2)/h^2<0.25$）。

根據以上標準對初始問卷的題項進行篩選，構成包含 38 個題項的小容量有效問卷。

二、抽取因素

對有效問卷再次進行因素分析和正交極大旋轉(Varimax)，抽取因素並命名。

（一）因素分析的必要性分析

表 3-1 是問卷理論構想下的四個維度之間的相關分析系數矩陣，可通過分析它們之間的相關來判斷它們之間的共線性程度，從而確定是否有必要進行因素分析。

[①] Kavsek M. J., Seiffge-KrenkeI. The difference of coping traits in adolescence [J]. International Journal Behavioral Development, 1996, 19 (3): 651-668.

表 3-1　　　　　　　　各維度間的相關係數矩陣

	情緒宣洩能力	活動轉移能力	尋求外界支持能力	認知調控能力
情緒宣洩能力	1	0.500(**)	0.263(**)	0.384(**)
活動轉移能力	0.500(**)	1	0.574(**)	0.442(**)
尋求外界支持能力	0.263(**)	0.574(**)	1	0.398(**)
認知調控能力	0.384(**)	0.442(**)	0.398(**)	1

** Correlation is significant at the 0.01 level (2-tailed).

數據結果顯示問卷4個理想維度之間的相關性很高，都是極其顯著相關，這說明如果直接用於分析，會帶來嚴重的共線性問題，因此有必要採用因素分析重新提取因素。

（二）因素分析的適宜性分析

由於因素分析是從許多變量之間提取共同因素，因此，因素分析有一個默認的前提，即各變量間必須有相關性，從而保證各變量間有足夠的共享信息來滿足提取因子的需要，這是因素分析最為嚴格的前提條件。具體在該條件的判斷上，除了根據專業知識來估計外，還可以使用 KMO 統計量和 Bartlett's 球形檢驗加以判定。

KMO 統計量用於探查變量間的偏相關性，它比較各變量間的簡單相關和偏相關的大小，取值在 0~1 之間。一般認為當 KMO 大於 0.9 時做因素分析的效果最好，0.7 以上時效果尚可，0.6 以下效果較差，0.5 以下不適宜做因素分析[1]。Bartlett's 球形檢驗相關陣是否是單位陣，即各變量是否各自獨立，如果結論為不拒絕該假設，則說明這些變量可能獨自提供一些信息。

表 3-2 即為因素分析前對問卷做的 KMO 和 Bartlett's 球形檢驗結果。第一行顯示 KMO 統計量數值為 0.728，大於 0.5，這表明數據適合做因素分析，且效果較好；第二行顯示為球形假設檢驗值為 2,289.361，顯著水平為 0.000，極其顯著，可見球形假設被拒絕，各指標間並非獨立，取值相關。

表 3-2　　　　　　　　KMO and Bartlett's Test

Kaiser-Meyer-Olkin Measure of Sampling Adequacy.		0.728
Bartlett's Test of Sphericity	Approx. Chi-Square	2,289.361
	df	703
	Sig.	0.000

---

[1] 張文彤. SPSS11.0統計分析教程（高級篇）[M]. 北京：北京希望電子出版社，2002.

KMO 統計量和 Bartlett's 球形檢驗均表明問卷適宜做因素分析。

(三) 因素分析

對問卷採用主成分法進行因素分析，解得初始因素負荷矩陣。為精確地估計變量與因子的關係，再選用方差最大化正交旋轉（Varimax）求出最終旋轉後的負荷矩陣①，然後根據以下標準確定因素的數目：①因素的特徵值大於 1；②因素解符合碎石圖檢驗（圖 3-1）；③符合理論構想的成分分析。最後共抽取出 5 個因素，相關數據見圖 3-1 和表 3-3。

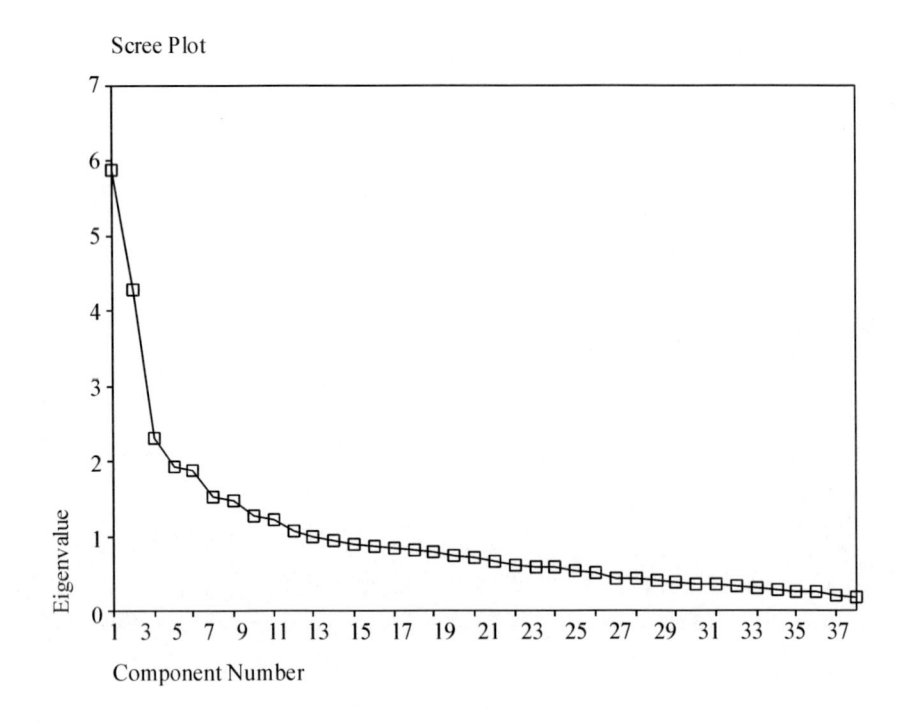

Scree Plot

圖 3-1　碎石圖

---

① 張厚粲，徐建平. 現代心理與教育統計學 [M]. 北京：北京師範大學出版社，2003.

表 3-3　　　　　總方差解釋表（Total Variance Explained）

	特徵值	單獨解釋方差%	累計解釋方差 %	特徵值	單獨解釋方差%	累計解釋方差 %
1	5.879	15.472	15.472	4.605	12.118	12.118
2	4.296	11.304	26.776	3.281	8.634	20.752
3	2.310	6.080	32.855	3.092	8.138	28.890
4	1.932	5.085	37.941	2.805	7.382	36.272
5	1.873	4.929	42.870	2.507	6.598	42.870

Extraction Method: Principal Component Analysis.

表 3-4　　　　　旋轉後的因素負荷表

（Rotated Component Martrix[a]）

	因素 1	因素 2	因素 3	因素 4	因素 5
V2	0.219	0.581	-0.018	-0.008	0.391
V4	0.087	0.568	0.453	-0.088	0.032
V8	0.308	0.401	0.378	0.073	-0.087
V15	0.072	0.234	0.021	0.013	0.639
V16	0.146	0.273	0.585	-0.174	-0.243
V17	0.075	0.192	0.626	-0.121	0.051
V18	0.288	0.016	0.553	-0.123	-0.032
V22	-0.139	0.199	0.038	0.124	0.512
V24	-0.216	0.301	-0.233	0.403	0.027
V29	0.628	0.099	0.024	-0.075	0.114
V30	0.657	0.033	0.199	0.032	-0.006
V31	0.665	0.138	0.156	-0.141	-0.040
V32	0.573	0.062	0.052	-0.076	-0.330
V35	0.686	0.019	-0.014	0.103	0.041
V40	0.108	-0.065	0.664	0.109	0.005
V42	0.562	-0.130	0.373	0.065	-0.112
V53	-0.158	-0.200	0.476	0.353	0.021
V54	0.586	0.075	-0.136	-0.037	0.288
V57	0.537	0.162	0.056	-0.062	0.199
V58	0.563	-0.109	0.110	0.196	-0.184
V60	0.391	0.191	0.105	0.335	-0.147

表3-4(續)

	因素1	因素2	因素3	因素4	因素5
V62	0.624	−0.063	0.187	0.073	−0.154
V65	−0.080	0.319	0.156	0.381	0.297
V67	−0.082	−0.241	0.099	0.303	0.477
V69	0.033	0.004	0.072	0.366	0.181
V72	0.180	0.009	0.071	0.612	0.124
V75	0.086	0.398	−0.055	0.579	−0.030
V76	−0.007	0.120	−0.091	0.633	0.211
V80	0.156	0.574	−0.200	0.337	−0.016
V83	−0.131	0.195	−0.062	0.623	−0.065
V84	0.213	0.505	0.092	0.298	0.172
V85	0.165	−0.044	0.688	0.117	0.097
V90	0.051	0.619	0.201	0.269	−0.001
V92	−0.089	0.462	−0.170	0.075	0.235
V93	−0.004	0.564	0.043	0.064	0.019
V94	0.072	0.253	0.013	0.197	0.427
V98	0.417	0.212	0.173	−0.027	−0.301
V100	−0.058	−0.060	−0.106	0.035	0.700

Extraction Method：Principal Component Analysis.　　Rotation Method：Varimax with Kaiser Normalization.

a　Rotation converged in 7 iterations.

三、因素命名

從表3-3可看出，抽取出的這五個因素能夠解釋總方差的42.870%。給因素命名遵循兩條原則：①參照理論模型的構想命名。看該因素的題項主要是來自理論構想下的哪個維度，哪個維度貢獻的題項多就以哪個維度名命名；②參照因素題項的負荷值命名，根據負荷值較高的題項命名。

大學生情緒管理能力問卷初試卷經過因素分析後，共析出5個因素。其中因素1共包含8個題項，主要來自初始問卷中「認知調控能力維度」的「理智化」「升華」「調整期待」，主要描述大學生通過理智的思考化解各類情緒的不適，因此命名為：「理性思考能力」。因素2包含12個題項，主要來自原情緒宣洩維度中的「破壞性發泄」，活動轉移維度的「消極轉移」以及認知調控

維度中的消極想像、理智化的負向題，主要涉及大學生採用各類消極避退、消極發泄的方法管理情緒，因此把因素2命名為「控制消極發泄能力」。因素3包含5個題項，題項大部分來自原社會支持維度，主要涉及大學生採用從外界尋求幫助的方法來解決情緒困擾，因此把因素3命名為「尋求外界支持能力」。因素4包含6個題項，主要來自消極心理暗示和消極想像等維度，因此把因素4命名為「控制消極暗示能力」。因素5有7個題項，負荷值最高的兩個題項來自理智化的積極補救題項和積極心理暗示，因此將因素5命名為「積極補救能力」。

第三節　大學生情緒管理能力正式問卷的形成

根據對初測問卷結果的因素分析，形成了包含38道題的正式問卷（見附錄3），並確定大學生情緒管理能力正式問卷的維度為5個（見圖3-2）。

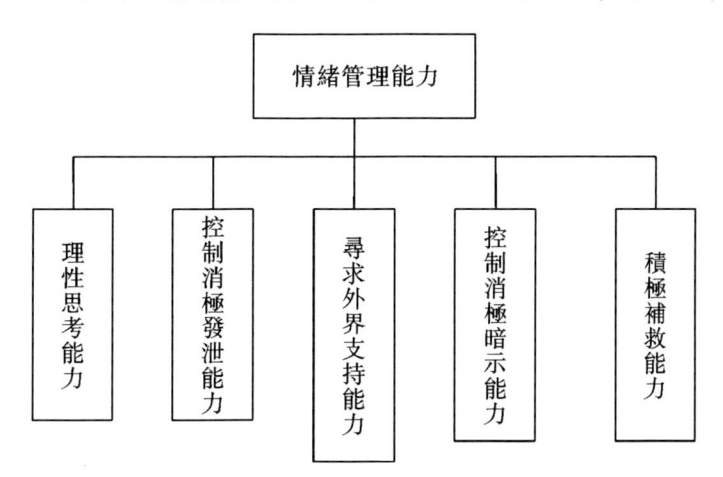

圖 3-2　大學生情緒管理能力實證模型結構

（1）理性思考能力，指當個人出現不適度、不恰當的情緒反應時，理智地分析和評價所處的情境，分析形勢，理清思路，冷靜地做出應對的能力。理性思考能力包括兩步：一是分析刺激的性質與程度。冷靜分析問題所在，可以即時調控過度的情緒反應。二是尋找多種解決問題的方案，比較選擇後擇優而行。

（2）控制消極發泄能力，指在消極情緒的引發情境下，當個體出現強烈的本能性的宣洩念頭時，能夠控制衝動，冷靜頭腦，告誡自己要以建設性的方

式解決問題的能力。

（3）尋求外界支持能力，指當遇到不適度或者不恰當的情緒時，主動向親人、朋友或者是班主任、心理醫生等社會支持系統成員尋求幫助的能力。

（4）控制消極暗示能力，指控制自己的認知、情感、意志以及行為不受來自別人不良言行影響的能力。

（5）積極補救能力，指積極採取補救措施，改善自身情緒狀態的能力。

本研究採用 a 系數（同質性信度）和分半信度作為信度指標，以大學生情緒管理能力正式問卷進行信效度檢驗（見表 3-5）。

表 3-5　　　　　　　正式問卷的同質性信度和分半信度

	同質性信度（Alpha）	分半信度（Split-half）
因素 1	0.730,0	0.696,0
因素 2	0.782,9	0.684,3
因素 3	0.586,8	0.514,5
因素 4	0.782,2	0.752,2
因素 5	0.595,7	0.570,1
總問卷	0.827,6	0.668,3

由表 3-5 可知，總問卷的同質性信度為 0.827,6，各因素的同質性信度在 0.595,7 到 0.782,9 之間，總問卷的分半信度為 0.668,3，各因素的分半信度在 0.514,5 到 0.752,2 之間，說明本研究所構建的大學生情緒管理能力問卷和維度模型是比較穩定和可靠的。

1. 內容效度檢驗

內容效度的確定方法主要是邏輯分析法，其工作思路是對檢測題目與原定內容吻合程度做出判斷[1]。判斷測驗題目與原定內容範圍的吻合程度高低有兩個標準：一是確定好的內容範圍；二是測驗題項是已經確定的內容範圍的代表性樣本[2]。本研究中所編製的問卷的維度和題項來源於理論文獻綜述、相關問卷、開放式問卷調查以及初測後因素分析的結果，在問卷初測前後多次請心理學專家進行審定，請大學生提出修訂建議，基本保證了問卷的維度和題項能夠涵蓋大學生情緒管理能力的各方面，並具有代表性。

---

[1] 戴海崎，張鋒，陳雪楓. 心理與教育測量 [M]. 廣州：暨南大學出版社，1999.

[2] Maio G. R., Olstion J. M. Relations between values, attitudes and behavioral intentions: The moderating role of attitude function [J]. Journal of Experimental Social Psychology, 1995.

2. 構想效度檢驗

內部一致性效度檢驗。為進一步檢驗修正後的大學生情緒管理能力問卷的內部一致性，分別計算各題項與其所屬各維度之間相關，以查明各測驗是否具有區分價值（見表3-6）。結果表明，各項目與所屬維度之間的相關係數顯著高於它們與其他分維度的相關係數，說明本問卷的內部一致性較好。

表 3-6　　　　　　　各題項與所屬維度及其他維度的相關

因素	題項	理性思考能力	控制消極發泄能力	尋求外界幫助能力	控制消極暗示能力	積極補救能力
理性思考能力	V12	0.530	0.161	0.277	0.120	0.164
	V13	0.623	0.212	0.239	0.427	0.238
	V14	0.570	0.204	0.140	0.373	0.235
	V15	0.636	0.159	0.239	0.085	0.261
	V16	0.677	0.145	0.271	0.181	0.383
	V17	0.658	0.163	0.188	0.190	0.357
	V18	0.448	−0.039	0.181	0.045	0.221
	V19	0.581	0.084	0.188	0.123	0.278
控制消極發泄能力	V20	0.172	0.467	0.022	0.294	0.129
	V21	0.097	0.489	−0.105	0.258	0.044
	V22	0.147	0.635	0.021	0.262	0.047
	V23	0.012	0.585	−0.097	0.148	−0.044
	V24	0.102	0.616	−0.034	0.262	0.025
	V25	0.169	0.581	−0.015	0.316	0.105
	V26	0.167	0.539	0.078	0.146	0.027
	V27	0.156	0.567	−0.032	0.207	0.011
	V28	0.147	0.591	0.003	0.284	0.061
	V29	0.004	0.464	−0.115	0.185	−0.132
	V30	0.132	0.514	0.010	0.170	0.064
	V31	0.170	0.487	0.036	0.187	0.037
尋求外界幫助能力	V32	0.218	−0.018	0.554	−0.087	0.183
	V33	0.310	0.061	0.657	0.000	0.278
	V34	0.128	−0.079	0.629	0.049	0.241
	V35	0.257	−0.002	0.627	0.117	0.273
	V36	0.220	−0.066	0.605	0.009	0.243

表3-6(續)

因素	題項	理性思考能力	控制消極發泄能力	尋求外界幫助能力	控制消極暗示能力	積極補救能力
控制消極暗示能力	V37	0.270	0.333	0.036	0.668	0.108
	V38	0.213	0.284	0.004	0.725	0.091
	V39	0.249	0.324	0.025	0.766	0.164
	V40	0.296	0.302	0.021	0.790	0.186
	V41	0.060	0.166	−0.001	0.485	0.033
	V42	0.214	0.316	0.033	0.711	0.154
積極補救能力	V43	0.180	−0.015	0.231	−0.099	0.425
	V44	0.452	0.110	0.234	0.173	0.602
	V45	0.214	−0.033	0.218	0.050	0.653
	V46	0.275	0.091	0.210	0.147	0.568
	V47	0.268	−0.012	0.318	0.159	0.558
	V48	0.094	0.052	0.075	0.193	0.321
	V49	0.244	0.028	0.215	0.075	0.652

結構效度檢驗。問卷的結構效度是指問卷能夠測量到理論上的結構和特質的程度，本研究採用相關分析來檢驗大學生情緒管理能力問卷的結構效度（見表3-7）。根據相關分析原理，各個因素應該與問卷總分具有較高的相關，以體現問卷整體的同質性；各因素之間的相關應該適當，相關過低說明構想同質性太低，相關過高則說明因素之間具有嚴重的共線性。

表3-7 大學生情緒管理能力問卷各因素及總分之間的相關係數矩陣

	因素1	因素2	因素3	因素4	因素5	總問卷
因素1	1	0.226	0.366	0.314	0.454	0.724
因素2	0.226	1	−0.035	0.415	0.056	0.662
因素3	0.366	−0.035	1	0.028	0.396	0.450
因素4	0.314	0.415	0.028	1	0.179	0.651
因素5	0.454	0.056	0.396	0.179	1	0.596
總問卷	0.724	0.662	0.450	0.651	0.596	1

如表3-7所示，在大學生情緒管理能力問卷中，各因素與問卷總分之間的相關係數在0.450到0.724之間，存在較高的相關，這說明問卷的同質性較好；各因素之間的相關係數絕對值在0.035到0.454之間，比較適中，這說明各因素間具有一定的獨立性，且又能較好地反應所要測查的內容。

第四章 大學生情緒管理能力測評

第一節 大學生情緒管理能力正式問卷信效度檢驗

大學生情緒管理能力問卷嚴格遵循心理問卷的編製程序，具體分為三個步驟：①從已有的各種情緒理論和國內外的情緒問卷出發，根據對大學生的開放式問卷調查以及心理學專家的經驗，從理論上構建大學生情緒管理能力問卷的理論結構；②在該理論結構的基礎上，結合大學生實際情緒發生的類型和情境，編製具體題項，形成大學生情緒管理能力初始問卷；③對初始問卷進行試測、初測，並對初測結果進行因素分析，根據有關標準修改和篩選題項，確定大學生情緒管理能力的因素，最終形成正式問卷。

本研究在編製初始問卷時，遵循情緒類問卷的編製原則，盡量做到題項與維度的匹配，題項盡量反應維度的內涵，因此具有較好的內容效度。從因素分析必要性和適宜性開始，嚴格地按照因素分析的規範步驟進行，在篩選題項的時候按照公認的項目評價和篩選標準取捨題項，最終從原103道題中保留了38個題項，保證了題項本身的質量。信度分析結果表明，總問卷的同質性信度為0.827,6，各因素的同質性信度在0.595,7到0.782,9之間，總問卷的分半信度為0.668,3，各因素的分半信度在0.514,5到0.752,2之間，說明本研究所構建的大學生情緒管理能力問卷和維度模型是比較穩定和可靠的。各項目與所屬維度之間的相關係數顯著高於它們與其他分維度的相關係數，說明本問卷的內部一致性效度較好。因素與問卷總分之間的相關係數在0.450到0.724之間，存在較高的相關，說明問卷的同質性較好；各因素之間的相關係數絕對值在0.035到0.454之間，比較適中，說明各因素間具有一定的獨立性，且又能較好地反應所要測查的內容，問卷的結構效度比較好。

因此，本研究所編製的大學生情緒管理能力問卷具有較好的可靠性和有

效性。

第二節 測量對象與測量工具

對大學生進行情緒管理能力測評的目的是通過實證的方式，瞭解大學生情緒管理能力的基本特徵及存在的問題，研究大學生情緒管理能力與其心理健康之間的關係，以及大學生情緒管理能力對其心理健康的影響。

以重慶市的西南大學、重慶大學、重慶工商大學、重慶師範大學的1,000名大學生為被試（前兩所為重點大學，後兩所為普通大學），共回收有效問卷726份。其中重點大學學生404人，普通大學學生322人；男生260人，女生466人；文科326人，理工科398人；城市生源343人，農村生源383人。

採用自編大學生情緒管理能力正式問卷（見附錄3）調查大學生的情緒管理能力。問卷包含38道題，分五個維度。問卷同質性信度為0.827,6，分半信度為0.668,3；問卷結構效度較好，各因素與問卷總分之間的相關係數在0.450到0.724之間，各因素之間的相關係數絕對值在0.035到0.454之間。

採用SCL-90症狀量表測量大學生心理健康水平。該問卷由Derogatis編製（1975）[1]，共90個項目，包括軀體化、強迫症狀、人際關係敏感、抑鬱、焦慮、敵對、恐怖、偏執、精神病性等9個因子[2]。該表在國內外已得到廣泛應用。SCL-90症狀問卷具有較高的信度和效度。a係數和折半信度分別為0.976,0和0.947,7，都在0.9以上，說明該問卷信度甚佳。用各因子之間的相關以及各因子與總分的相關係數，考察SCL-90症狀問卷的結構效度，結果顯示各因子與總分的相關係數在0.676至0.922之間，存在較高的相關，說明問卷的同質性較好；各因素之間的相關係數絕對值比較適中，各因素間具有一定的獨立性，能較好地反應所要測查的內容。

用SPSS 11.5 for Windows對數據進行統計和分析。

---

[1] Derogatis. L. R. How to use the Systom Distress Checklist (SCL-90) in clinical evaluations, Psychiatric Rating Scale, Vol Ⅲ. Self-Report Rating Scale, Hoffmann-La Roche Inc, 1975：22-36.

[2] 汪向東，等. 心理衛生評定量表手冊（增訂版）[M]. 北京：中國心理衛生雜志社，1999.

第三節 結果分析與評價

根據正式問卷調查的結果,對大學生情緒管理能力的一般特點、性別差異、學校差異、年級差異、專業差異進行了分析。

一、大學社情緒管理能力的一般特點

表4-1的數據結果顯示,大學生在「控制消極發泄能力」這個因素上的題項均分最高,這表明大學生控制消極發泄這種情緒管理能力較好;大學生在積極補救能力這個因素上的題項均分最低,這表明當遇到情緒不適時,大學生採取行動積極補救的能力較差。各因素平均值的大小順序依次為:控制消極發泄能力(因素2)>理性思考能力(因素1)>尋求外界支持能力(因素3)>控制消極暗示能力(因素4)>積極補救能力(因素5)。

表4-1　　　　大學生情緒管理能力的平均分和標準差

		理智調控能力	控制消極發泄能力	尋求外界支持能力	控制消極暗示能力	積極補救能力	總問卷
N	Valid	726	726	726	726	726	726
	Missing	0	0	0	0	0	0
最小值		8.00	17.00	6.00	6.00	8.00	76.00
最大值		40.00	60.00	25.00	30.00	34.00	176.00
平均數		28.921,5	47.816,8	16.741,0	19.681,8	21.652,9	134.814,0
方差		4.742,84	6.969,95	3.520,05	4.666,46	4.321,32	15.244,67
題項均分		3.615,2	3.984,7	3.348,2	3.280,3	3.093,3	3.547,7

研究結果發現,在大學生情緒管理的5個因素上,各因素的題項均分在3.093,3到3.984,7之間,總問卷的題項均分是3.547,7,呈現一種正向趨勢。這表明大學生隨著認知水平的提高,在多數情況下能夠理智地調控情緒,控制肆意發泄各類消極情緒的念頭。這與張進輔等(2004)的情緒智力研究結論一致:大學生的情緒智力總體上表現出積極的趨勢,但其結構內部的發展不平衡[①]。

---

① 張進輔,徐小燕. 大學生情緒智力特徵的研究 [J]. 心理科學, 2004 (2).

大學生在「控制消極發泄能力」這個因素上的題項均分最高，大學生在積極補救能力這個因素上的題項均分最低，各因素平均值的大小順序依次為：控制消極發泄能力（因素2）＞理性思考能力（因素1）＞尋求外界支持能力（因素3）＞控制消極暗示能力（因素4）＞積極補救能力（因素5）。這表明大學生在遇到引發不適情緒的情境或者事件的時候，能夠採取理智的方式控制消極發泄的念頭，能夠一定程度上作出努力，尋求外界支持，但是比較容易受消極的心理暗示，在採取行動積極補救不良事態方面的能力還不夠，有待進一步提高。

二、大學的情緒管理能力的學校差異分析

從表4-2中可以看到，重點大學和普通大學的學生在情緒管理方面存在差異，普通大學學生情緒管理能力高於重點大學學生，並且水平顯著，具體表現為在理智調控和尋求社會支持兩方面的差異顯著，在控制消極發泄、控制消極暗示以及積極補救這三方面的差異不存在顯著差異。

表4-2　　　　　　　　大學生情緒管理能力學校差異

	學校	Mean	Std. Deviation	N	Sig.
因素1	重點大學	28.351,5	4.869,03	404	0.000
	普通大學	29.636,6	4.485,52	322	
因素2	重點大學	47.707,9	6.901,21	404	0.638
	普通大學	47.953,4	7.063,64	322	
因素3	重點大學	16.314,4	3.609,70	404	0.000
	普通大學	17.276,4	3.333,21	322	
因素4	重點大學	19.376,2	4.763,07	404	0.048
	普通大學	20.065,2	4.520,51	322	
因素5	重點大學	21.405,9	4.324,16	404	0.085
	普通大學	21.962,7	4.304,44	322	
總問卷	重點大學	133.155,9	15.488,98	404	0.001
	普通大學	136.894,4	14.693,38	322	

研究結果發現，重點大學和普通大學的學生在情緒管理方面存在差異。普通大學的學生情緒管理能力總分高於重點大學學生，並且水平顯著，具體表現為在理智調控和尋求外界支持兩方面的差異顯著，控制消極發泄、控制消極暗示以及積極補救這三方面的能力不存在顯著差異。

之所以出現這種情況，我們認為，是由於重點大學的學生在基礎教育階段

以及高中教育階段投入了相對更多的時間和精力在學習上，從而犧牲了較多的跟同伴交往以及參加各類活動的時間，因此在社會資源累積上要欠缺一些，在尋求外界幫助的能力上要差一些。另一方面，重點大學的學生由於身處較好的發展環境，與之交往的同伴普遍成就動機較強，家人對他們的期望以及自我期望一般較高，加之好勝心較強，致使他們承受著比普通大學學生更大的壓力，因此，他們更容易出現情緒波動，不易理智調控情緒。

三、大學生情緒管理能力的性別差異

從表4-3中可以看出，大學男女生在總體情緒管理能力上存在差異，女生要優於男生，且水平顯著，具體表現在因素1和因素3上，即女生的理智控制能力和尋求外界幫助能力要顯著高於男生。在因素2、因素5上，不存在顯著差異，即女生在控制消極發泄和積極補救上雖略高於男生，但不具備顯著差異；在控制消極暗示能力上男生要優於女生，但水平也不顯著。

表4-3　　　　　　　大學生情緒管理能力的性別差異比較

	性別	Mean	Std. Deviation	N	F	Sig.
因素1	男	28.253,8	4.915,21	260	8.105	0.005
	女	29.294,0	4.607,32	466		
因素2	男	47.161,5	7.291,30	260	3.593	0.058
	女	48.182,4	6.764,47	466		
因素3	男	15.569,2	3.402,11	260	47.786	0.000
	女	17.394,8	3.417,02	466		
因素4	男	20.023,1	4.608,98	260	2.170	0.141
	女	19.491,4	4.692,36	466		
因素5	男	21.488,6	4.324,20	260	0.586	0.444
	女	21.744,6	4.321,64	466		
總問卷	男	132.496,2	15.521,69	260	9.474	0.002
	女	136.107,3	14.948,99	466		

研究表明，大學裡男生和女生在總體情緒管理能力上存在差異，女生要優於男生，且水平顯著，具體表現在因素1和因素3上，即女生的理智控制能力和尋求外界幫助能力要顯著高於男生。在因素2、因素5上，不存在顯著差異，女生在控制消極發泄和積極補救能力上雖略高於男生，但不具備顯著差異；在控制消極暗示能力上男生要優於女生，但水平也不顯著。

這表明，大學生雖然已經具有了一定的自我控制和調節的能力，但是另一方面又很容易受到外界的影響，容易產生衝動性的行為，尤其是男生。一般而言，男生血氣方剛，比較容易情緒激動，理智控制自我的能力比女生差。王大華等人（1998）的研究發現，女性的荷爾蒙分泌量沒有男性高，而荷爾蒙是影響機體對外界產生攻擊性和控制欲的一個重要因素，因此男生在行為控制方面沒有女生易控制自己的行為。除男女兩性在防禦機制上的生理差異原因外，另外這也與中國傳統文化的影響有關。在傳統中國文化中，男性被賦為強者，被認為是勇敢和剛強的，不輕易被困難所擊倒，即使遇到困難，也應該能夠應付，因此當遇到情緒上的不適時，男性一般較少去尋求外界幫助，而是靠自己解決問題；而女性常常被賦予弱者的角色，認為她們沒有能力改變困境，因此當女性遇到煩惱的事件時，無需像男生一樣掩飾自己的情緒，她們多會向同伴或者親人傾訴，希望獲得他人的幫助①。

四、大學生情緒管理能力的年級差異

表4-4中數據顯示，大學生在理智調控和控制消極發泄兩個因素上存在顯著的年級差異，在其他三個因素上沒有顯著差異。在因素1即理性思考能力上呈現先升高後降低的趨勢，表現為二年級>一年級>三年級>四年級，在控制消極發泄能力（因素2）上呈現逐漸下降的趨勢，表現為一年級>二年級>三年級>四年級。各因素的年級趨勢如圖4-1。

表4-4　　　　大學生情緒管理能力年級差異比較

	年級	Mean	Std. Error	95% Confidence Interval Lower Bound	95% Confidence Interval Upper Bound	F	Sig.
因素1	一年級	29.091	0.251	28.598	29.584	5.645	0.001
	二年級	29.626	0.359	28.920	30.331		
	三年級	28.503	0.382	27.753	29.254		
	四年級	26.759	0.639	25.504	28.014		
因素2	一年級	49.011	0.367	48.290	49.733	7.894	0.000
	二年級	47.398	0.526	46.366	48.429		
	三年級	46.205	0.559	45.107	47.303		
	四年級	45.907	0.935	44.071	47.744		

---

① 王大華，申繼亮，Alexandra Brandy. 防禦機制的年齡性別和文化差異 [J]. 心理科學，1998, 21(2)：131-135.

表4-4(續)

	年級	Mean	Std. Error	95% Confidence Interval Lower Bound	95% Confidence Interval Upper Bound	F	Sig.
因素3	一年級	16.691	0.188	16.322	17.061	1.071	0.361
	二年級	17.070	0.269	16.542	17.599		
	三年級	16.702	0.286	16.140	17.264		
	四年級	16.130	0.479	15.189	17.070		
因素4	一年級	19.737	0.250	19.247	20.227	0.461	0.710
	二年級	19.871	0.357	19.170	20.573		
	三年級	19.298	0.380	18.552	20.044		
	四年級	19.796	0.636	18.548	21.044		
因素5	一年級	21.631	0.231	21.177	22.086	0.060	0.981
	二年級	21.591	0.331	20.941	22.241		
	三年級	21.781	0.352	21.090	22.473		
	四年級	21.630	0.589	20.473	22.786		
總問卷	一年級	136.163	0.810	134.573	137.753	3.897	0.009
	二年級	135.556	1.159	133.280	137.831		
	三年級	132.490	1.233	130.069	134.911		
	四年級	130.222	2.062	126.174	134.271		

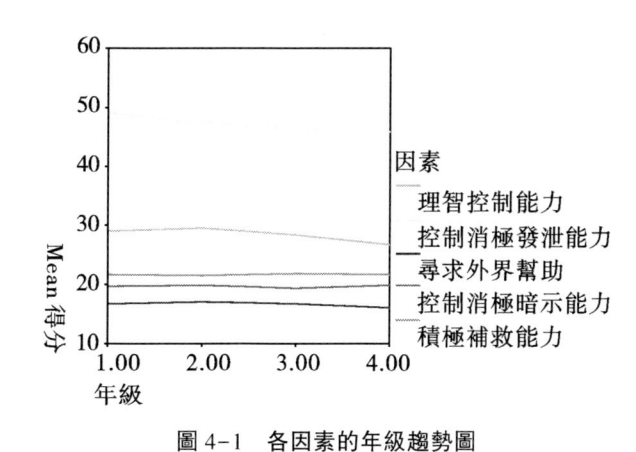

圖4-1 各因素的年級趨勢圖

表4-4和圖4-1呈現了各因素在年級上的變化趨勢，從圖中可以看到因素1（理智控制能力）和因素2（控制消極發泄能力）具有顯著差異，其他三個因素無顯著差異。我們對數據進行多重均數比較，進一步呈現在年級上有顯著差異的因素1和因素2在各年級的兩兩差異。通過比較發現，在因素1上，四年級和一年級、四年級和二年級存在顯著差異，其他年級之間不存在顯著差異；在因素2上，一年級和三年級、一年級和四年級存在顯著差異，其他年級之間不存在顯著差異。

表4-5　不同年級大學生在理智調控因素上的多重均數比較

	(I)年級	(J)年級	Mean Difference (I-J)	Std. Error	Sig. (a)	95% Confidence Interval for Difference (a) Lower Bound	Upper Bound
因素1	一年級	二年級	-0.534	0.438	0.223	-1.395	0.326
		三年級	0.588	0.457	0.199	-0.310	1.486
		四年級	2.332(*)	0.687	0.001	0.984	3.681
	二年級	一年級	0.534	0.438	0.223	-0.326	1.395
		三年級	1.122(*)	0.525	0.033	0.092	2.152
		四年級	2.866(*)	0.733	0.000	1.427	4.306
	三年級	一年級	-0.588	0.457	0.199	-1.486	0.310
		二年級	-1.122(*)	0.525	0.033	-2.152	-0.092
		四年級	1.744(*)	0.745	0.019	0.282	3.206
	四年級	一年級	-2.332(*)	0.687	0.001	-3.681	-0.984
		二年級	-2.866(*)	0.733	0.000	-4.306	-1.427
		三年級	-1.744(*)	0.745	0.019	-3.206	-0.282

Based on estimated marginal means

＊ The mean difference is significant at the .05 level.

a Adjustment for multiple comparisons：Least Significant Difference（equivalent to no adjustments）.

表 4-6　不同年級大學生在控制消極發泄因素上的多重均數比較

(I)年級	(J)年級	Mean Difference (I-J)	Std. Error	Sig.(a)	95% Confidence Interval for Difference (a) Lower Bound	Upper Bound
因素2 一年級	二年級	1.614 (*)	0.641	0.012	0.355	2.873
	三年級	2.806 (*)	0.669	0.000	1.492	4.120
	四年級	3.104 (*)	1.005	0.002	1.131	5.077
二年級	一年級	-1.614 (*)	0.641	0.012	-2.873	-0.355
	三年級	1.192	0.767	0.121	-0.314	2.699
	四年級	1.490	1.073	0.165	-0.616	3.596
三年級	一年級	-2.806 (*)	0.669	0.000	-4.120	-1.492
	二年級	-1.192	0.767	0.121	-2.699	0.314
	四年級	0.298	1.090	0.785	-1.842	2.437
四年級	一年級	-3.104 (*)	1.005	0.002	-5.077	-1.131
	二年級	-1.490	1.073	0.165	-3.596	0.616
	三年級	-0.298	1.090	0.785	-2.437	1.842
三年級	一年級	0.150	0.422	0.722	-0.678	0.978
	二年級	0.191	0.484	0.693	-0.758	1.140
	四年級	0.152	0.687	0.825	-1.196	1.500
四年級	一年級	-0.002	0.633	0.998	-1.245	1.241
	二年級	0.039	0.676	0.954	-1.288	1.366
	三年級	-0.152	0.687	0.825	-1.500	1.196

Based on estimated marginal means

* The mean difference is significant at the .05 level.

a Adjustment for multiple comparisons: Least Significant Difference (equivalent to no adjustments).

　　大學生在情緒管理總分以及理智調控控制、消極發泄兩個因素上存在顯著的年級差異，在其他三個因素上沒有顯著差異。在情緒管理總分上，呈現先上升後下降的趨勢，表現為二年級>一年級>三年級>四年級；在因素1即理性思考能力上也呈現先升高後降低的趨勢，表現為二年級>一年級>三年級>四年級；在控制消極發泄能力（因素2）上呈現逐漸下降的趨勢，表現為一年級>二年級>三年級>四年級。經過進一步的統計分析發現，在因素1上，只有四年級分別和一年級、二年級存在顯著差異，其他年級之間不存在顯著差異；在因素2上，只存在一年級和三年級、一年級和四年級之間的顯著差異，其他年級之間不存在顯著差異。

在理性思考能力上，四年級和一、二年級有顯著差異，表現為二年級>一年級>四年級，可見隨著年級的增加，大學生的理性思考能力呈倒「V」型。結合已有的研究來看，大學生在剛進大學時，由於知識儲備的欠缺，加之年齡普遍偏低，在理智調控自己情緒的能力上有所不足；進入大學中期後，大學生的理性隨著認知和閱歷的增加有所增加；到大學末期，由於正、反面各類信息的不斷充斥，以及自身的各種經歷，反而對自己要求降低，比較放任自己的情緒。

在控制消極發泄能力上，一年級和三、四年級之間存在顯著差異，逐漸降低，表現為一年級>三年級>四年級。楊靜（2005）的研究也發現，在行為控制能力上，一年級分別與三、四年級差異顯著，表現為一年級>三年級>四年級[1]，與本研究一致。高年級的學生比低年級的學生面臨了更多的現實問題，比如就業壓力、情感困擾、前途問題等，同時他們也更多地受到來自社會上一些負面事件的影響，因此他們很容易受到這些事情的感染，在處理一些事情時，不能很好地控制自己想要肆意發泄不良情緒的衝動。韋有華（1996）、張建衛（2003）研究發現，各個年級的應對方式有不同的特點，一年級的學生比高年級的學生更多地會主動面對和解決情緒問題，高年級的學生則大多採用逃避或者消極發泄的方式。

五、大學生情緒管理能力的專業差異

對於大學生情緒管理能力的各個因素是否呈現專業上的差異，研究將專業分為文科和理工科兩個維度進行了差異比較，結果如表4-7所示：

表4-7　　大學生情緒管理能力在專業上的差異比較

	專業	Mean	Std. Deviation	N	F	Sig.
因素1	文科	29.138,0	4.514,86	326	2.103	0.123
	理工科	28.716,1	4.908,46	398		
因素2	文科	47.156,4	7.332,34	326	2.875	0.057
	理工科	48.339,2	6.633,48	398		
因素3	文科	17.187,1	3.489,58	326	5.019	0.007*
	理工科	16.369,3	3.507,71	398		
因素4	文科	19.705,5	4.773,56	326	0.259	0.772
	理工科	19.650,8	4.586,82	398		

---

[1]　楊靜.大學生應對能力問卷的編製與實測［D］.重慶：西南大學，2005.

表4-7(續)

	專業	Mean	Std. Deviation	N	F	Sig.
因素5	文科	21.757,7	4.378,22	326	0.191	0.826
	理工科	21.570,4	4.283,27	398		
總問卷	文科	134.944,8	15.207,99	326	0.675	0.510
	理工科	134.645,7	15.278,36	398		

The F tests the effect of 專業. This test is based on the linearly independent pairwise comparisons among the estimated marginal means.

(因素1——理性思考能力,因素2——控制消極發泄能力,因素3——尋求社會支持能力,因素4——控制消極暗示能力,因素5——積極補救能力)

從表中數據可知,大學生在情緒管理的總分和1、2、4、5因素上均無顯著差異,但是在因素3上例外,存在顯著差異,即大學生情緒管理的理性思考能力、控制消極發泄能力、控制消極暗示能力、積極補救能力無顯著差異,尋求社會支持能力存在顯著的專業差異,即文科大學生尋求外界幫助的能力顯著強於理工科大學生。

人文社科專業的大學生平時喜好閱讀各類書籍和報刊,見識廣,言語中的信息量相對較高,容易吸引別人的注意,獲得別人的好感;他們平時熱衷於參加各類社團活動,擅長交談,廣交朋友,能夠建立較好的社會支持系統,一旦個體產生情緒困擾,便會向社會支持系統求助,或者得到社會支持系統的幫助。相對而言,理工科的大學生平時用於查閱資料、做實驗、處理數據的時間較多,交際面較窄,社會支持系統較差,導致他們尋求外界支持的能力相對較差。

六、大學生情緒管理能力的生源地差異

對於大學生情緒管理能力的各個因素是否呈現生源地的差異,研究將生源地分為城市、農村兩個維度進行了差異比較,結果如表4-8所示:

表4-8　　　　大學生情緒管理能力的生源地差異分析

	生源地	Mean	Std. Deviation	N	F	Sig.
因素1	城市	28.708,5	4.703,13	343	1.312	0.252
	農村	29.112,3	4.776,19	383		
因素2	城市	47.408,2	6.840,47	343	2.239	0.135
	農村	48.182,8	7.072,77	383		

表4-8(續)

	生源地	Mean	Std. Deviation	N	F	Sig.
因素3	城市	17.102,0	3.669,63	343	6.894	0.009
	農村	16.417,8	3.352,41	383		
因素4	城市	19.326,5	4.667,11	343	3.783	0.052
	農村	20.000,0	4.648,93	383		
因素5	城市	21.381,9	4.282,76	343	2.562	0.110
	農村	21.895,6	4.346,82	383		
總問卷	城市	133.927,1	14.933,30	343	2.204	0.138
	農村	135.608,4	15.494,57	383		

（因素1——理性思考能力，因素2——控制消極發泄能力，因素3——尋求社會支持能力，因素4——控制消極暗示能力，因素5——積極補救能力）

從表4-8可以看出，在大學生情緒管理能力的各因素和問卷總分上，來自農村、城市的大學生之間不存在顯著差異，即大學生的理性思考能力、控制消極發泄能力、尋求社會支持能力、控制消極暗示能力、積極補救能力以及情緒管理能力的總分並沒有因為其生源地的不同而產生差異。

七、大學生情緒管理能力的影響因素分析

為進一步瞭解大學生的情緒管理能力受哪些因素的影響，我們在問卷的基本情況部分，調查了大學生的生理因素、知識背景、性格因素、活動與愛好以及社會支持等方面的情況，用相關分析的方法分析這些信息對大學生情緒管理能力的影響。

在做相關分析之前，先做散點圖分析判斷變量間有無相關趨勢，以及該趨勢是否呈線形。圖形表明變量間存在線形相關趨勢，然後開始相關分析，分析結果見表4-9。

在生理影響因素中，性別（V2）對理性思考能力、尋求社會支持能力以及總問卷顯著相關；健康狀況（V7）與理性思考能力、控制消極暗示能力、以及問卷總分有顯著相關，與控制消極發泄能力、積極補救能力相關。在知識背景影響因素中，學校（V1）對理性思考能力、尋求社會支持能力和問卷總分有顯著相關，與控制消極心理暗示能力的相關較顯著；年級（V3）與理性思考能力、控制消極能力和總問卷顯著負相關；專業只與理性思考能力和控制消極發泄能力較顯著地相關。性格（V6）與除控制消極發泄能力以外的四個因素以及總問卷都顯著相關。活動與愛好（V8、V10、V11）也是與除控制消

極發泄能力以外的四個因素以及總問卷都顯著相關。社會支持（V9）與大學生情緒管理能力的五個因素和總問卷均顯著相關。

表 4-9　　　　　　　大學生情緒管理能力的影響因素分析

		理性思考能力	控制消極發泄能力	尋求外界支持能力	控制消極暗示能力	積極補救能力	總問卷
生理因素	V2	0.105(**)	0.070	0.249(**)	−0.055	0.028	0.114(**)
	V7	0.163(**)	0.087(*)	−0.033	0.126(**)	0.075(*)	0.143(**)
知識背景	V1	0.135(**)	0.018	0.136(**)	0.073(*)	0.064	0.122(**)
	V3	−0.105(**)	−0.174(**)	−0.022	−0.019	0.008	−0.121(**)
性格	V4	−0.041	0.086(*)	−0.114(**)	−0.005	−0.022	−0.008
	V6	−0.201(**)	−0.033	−0.178(**)	−0.203(**)	−0.096(**)	−0.208(**)
活動與愛好	V8	0.230(**)	0.049	0.115(**)	0.137(**)	0.199(**)	0.219(**)
	V10	0.247(**)	0.054	0.118(**)	0.159(**)	0.200(**)	0.234(**)
	V11	0.293(**)	0.040	0.152(**)	0.166(**)	0.187(**)	0.248(**)
社會支持	V9	0.211(**)	0.095(*)	0.178(**)	0.224(**)	0.158(**)	0.263(**)

** Correlation is significant at the 0.01 level (2-tailed).

* Correlation is significant at the 0.05 level (2-tailed).

為了進一步探求生理因素、知識背景、性格因素、活動愛好以及社會支持這五大方面每個方面的整體影響作用，將這五方面的各分項分值累加，再對各分項的總得分和大學生情緒管理能力總分及各因素進行相關分析，結果如表4-10。表中數據顯示，生理因素總體得分、性格因素總體得分、活動與愛好總體得分、社會支持總體得分與大學生情緒管理能力存在很顯著的相關，說明這四方面是大學生情緒管理能力的重要影響因素；知識背景只與控制消極發泄能力顯著相關。

表 4-10　　　　　影響因素對問卷各維度及總分的整體影響

		因素 1	因素 2	因素 3	因素 4	因素 5	總問卷
生理因素	Pearson Correlation	0.198(**)	0.113(**)	0.087(*)	0.090(*)	0.082(*)	0.184(**)
	Sig. (2-tailed)	0.000	0.002	0.019	0.016	0.027	0.000
知識背景	Pearson Correlation	−0.051	−0.107(**)	−0.010	0.013	0.026	−0.056
	Sig. (2-tailed)	0.170	0.004	0.795	0.719	0.490	0.133

表4-10(續)

		因素1	因素2	因素3	因素4	因素5	總問卷
性格因素	Pearson Correlation	-0.201(**)	-0.033	-0.178(**)	-0.203(**)	-0.096(**)	-0.208(**)
	Sig. (2-tailed)	0.000	0.380	0.000	0.000	0.010	0.000
活動與愛好	Pearson Correlation	0.331(**)	0.062	0.165(**)	0.198(**)	0.253(**)	0.302(**)
	Sig. (2-tailed)	0.000	0.095	0.000	0.000	0.000	0.000
社會支持	Pearson Correlation	0.211(**)	0.095(*)	0.178(**)	0.224(**)	0.158(**)	0.263(**)
	Sig. (2-tailed)	0.000	0.011	0.000	0.000	0.000	0.000

* Correlation is significant at the 0.05 level (2-tailed).
** Correlation is significant at the 0.01 level (2-tailed).

(因素1——理性思考能力，因素2——控制消極發泄能力，因素3——尋求社會支持能力，因素4——控制消極暗示能力，因素5——積極補救能力)

本研究顯示，活動與愛好、社會支持對大學生情緒管理能力存在極其顯著的影響。我們的研究印證了其他心理學工作者的發現。如West等人的研究發現，非洲舞蹈和哈薩瑜加能減少大學生的知覺壓力和負性情感[1]；練太極拳的大學生表現出較高的心理健康水平，且練習太極拳年限越長，心理健康水平越高[2]。還有的研究結果表明，友伴的實質性支持、情緒情感支持能影響大學生抑鬱情緒，且有一定的負向預測作用[3]。李慧民運用社會支持評定問卷（SSRS）、症狀自評問卷（SCL-90）和艾森克人格問卷（EPQ）對河南省3所高校、6種專業的1,128名在校大學生進行抽樣調查，也發現社會支持對大學生心理健康和人格發展有積極影響[4]。

此外，生理因素、性格因素也是大學生情緒管理能力的重要影響因素。良好的健康狀況為積極的情緒提供了優質的生理平臺，能提高自我效能感，減少

---

[1] WestJ, Otte. C, Grher. K, et al. Effects of Hatha yoga and African dance on perceived stress, affect, salivery cortisol [J]. J Ann Behav Med, 2004, 28 (2): 114-118.

[2] 鄧永明. 太極拳運動對大學生心理健康影響作用的研究 [J]. 現代康復, 2001, 5 (10): 134.

[3] 範興華, 賀春生. 友伴支持對大學生抑鬱情緒的影響 [J]. 湘潭師範學院學報（自然科學版），2004 (2): 131-133.

[4] 李慧民. 社會支持與大學生心理健康及人格特徵的關係 [J]. 中國學校衛生, 2004, 25 (3): 263-264.

消極情緒傾向①。當遭遇到情緒困擾時，性格樂觀的大學生傾向於把事態朝積極美好的方面想，不受消極的心理暗示，並且積極地向社會支持系統尋求幫助，努力實施補救行動，解決困擾情緒的事件源，從而重新獲得正面且強度適中的情緒。

　　知識背景只對情緒管理能力的一方面產生影響——控制消極發泄能力。廣博的知識儲備，精深的專業造詣，一方面使大學生知書達理，控制和打消肆意發泄消極情緒的念頭，另一方面也使大學生有更多的關注焦點，可以把注意力從消極的情緒上轉移到其他事件上來。

---

① Bandura A. Self-efficacy mechanism in physiological activation and health-promoting behavior. In J. Madden, IV (Ed.), Neurobiology of learning, emotion and affect. New York: Raven, 1991: 229-270. Cioffi, D. Beyond attentional strategies: A cognitive-perceptual model of somatic intertation [J]. Psychological Bulletin, 1991: 25-41.

第五章 大學生心理健康水平測評

研究已經依據心理學量表問卷編製的規範程序，編製了大學生情緒管理能力的問卷，並對大學生情緒管理能力的現狀進行了測評，瞭解大學生情緒管理能力的基本特徵及存在的問題。為進一步研究大學生情緒管理能力和心理健康的關係，研究對大學生心理健康水平進行測評。

第一節 測量對象與測量工具

對大學生進行情緒管理能力測評的目的，通過實證的方式，瞭解大學生情緒管理能力的基本特徵及存在的問題，研究大學生情緒管理能力與其心理健康之間的關係，以及大學生情緒管理能力對其心理健康的影響。

以重慶市的西南大學、重慶大學、重慶工商大學、重慶師範大學的 1,000 名大學生為被試（前兩所為重點大學，後兩所為普通大學），共回收有效問卷 726 份。其中重點大學學生 404 人，普通大學學生 322 人；男生 260 人，女生 466 人；文科 326 人，理工科 398 人；城市生源 343 人，農村生源 383 人。

採用自編大學生情緒管理能力正式問卷（見附錄 3）測查大學生的情緒管理能力。問卷包含 38 道題，分五個維度。問卷同質性信度為 0.827,6，分半信度為 0.668,3；問卷結構效度較好，各因素與問卷總分之間的相關係數在 0.450 到 0.724 之間，各因素之間的相關係數絕對值在 0.035 到 0.454 之間。

採用 SCL-90 症狀量表測量大學生心理健康水平。該問卷由 Derogatis 編製（1975）[1]，共 90 個項目，包括軀體化、強迫症狀、人際關係敏感、抑鬱、焦

---

[1] Derogatis. L. R. How to use the Systom Distress Checklist (SCL-90) in clinical evaluations, Psychiatric Rating Scale, Vol Ⅲ. Self-Report Rating Scale, Hoffmann-La Roche Inc, 1975: 22-36.

慮、敵對、恐怖、偏執、精神病性等9個因子①。該表在國內外已得到廣為應用。SCL-90症狀問卷具有較高的信度和效度。a係數和折半信度分別為0.976,0和0.947,7，都在0.9以上，說明該問卷信度甚佳。用各因子之間的相關以及各因子與總分的相關係數，考察SCL-90症狀問卷的結構效度，結果顯示各因子與總分的相關係數在0.676到0.922之間，存在較高的相關，說明問卷的同質性較好；各因素之間的相關係數絕對值比較適中，各因素間具有一定的獨立性，能較好地反應所要測查的內容。

用SPSS 11.5 for Windows對數據進行統計和分析。

第二節　大學生心理健康調查結果與全國常模的比較

常模參照測評是一種以經典測驗理論為基礎的測量，主要目的在於把被試同常模比較，從而判斷被試在所屬團體中的相對位置。其基本思路是常模參照測評的基本思路將兒童當前學業表現的標準化測評分數與常模對比，並考驗對比差異是否達到顯著水平。如果某個兒童的測評分數明顯地低於常模對應的分數，那麼該兒童的學業表現就可判斷為滯後。這類測驗的目的主要是在於考查被測對象的個體差異，一般用在衡量被測對象相對水平的、以選拔為目的的大規模測驗中。因此，被測對象在這類測驗上所得的分數單獨來解釋是毫無意義的，而必須將它放到被測對象所在的團體中，從而直接或間接地以被測對象在該團體中的相對等級或相對位置來評估其能力水平。這一團體即常模團體，常模團體在測驗中的分數分佈就是這類測驗分數解釋的參照標準：常模。②

採用SCL-90症狀量表測量大學生心理健康水平，從大學生心理健康調查結果與全國常模（1986）比較數據中（見表5-1）可以看出，大學生在SCL-90症狀自評量表的軀體化、強迫、人際關係、抑鬱、焦慮、敵對、恐怖、偏執、精神病性9個因子分均明顯高於全國常模。

---

① 汪向東，等.心理衛生評定量表手冊（增訂版）[M].北京：中國心理衛生雜志社，1999.

② 佚名.常模測驗[EB/OL]. http://baike.baidu.com/link？url=64kTeuBIdW5eXTB8Y4-DZ-gEeKyG8Rt-wkxKcAFKkoR8nnLcYN1xvGhJrdtfIuZLRcWGaw38SVxm9K-zVXMC7sa.

表 5-1　　大學生心理健康調查結果與全國常模（1986 年）比較

因子	測查樣本 Mean	測查樣本 Std. Deviation	全國常模（1986 年）Mean	全國常模（1986 年）Std. Deviation
軀體化	1.548,0	0.599,22	1.37	0.48
強迫症狀	1.991,0	0.641,99	1.62	0.58
人際關係	1.882,8	0.692,38	1.62	0.61
抑鬱	1.808,0	0.683,39	1.39	0.42
焦慮	1.705,5	0.623,29	1.50	0.95
敵對	1.655,6	0.664,68	1.46	0.95
恐怖	1.564,7	0.615,27	1.23	0.55
偏執	1.684,6	0.628,19	1.42	0.41
精神病性	1.674,1	0.604,41	1.29	0.57

從大學生心理健康調查結果與全國常模（1999 年）比較數據中（見表 5-2）可以看出，除了敵對因子比全國常模偏低外，大學生在 SCL-90 症狀自評量表的其他 8 個因子，即軀體化、強迫、人際關係、抑鬱、焦慮、恐怖、偏執、精神病性的因子分均明顯高於全國常模。

表 5-2　　大學生心理健康調查結果與全國常模（1999 年）比較

因子	測查樣本 Mean	測查樣本 Std. Deviation	全國常模（1999 年）Mean	全國常模（1999 年）Std. Deviation
軀體化	1.548,0	0.599,22	1.44	0.51
強迫症狀	1.991,0	0.641,99	1.92	0.64
人際關係	1.882,8	0.692,38	1.85	0.64
抑鬱	1.808,0	0.683,39	1.76	0.64
焦慮	1.705,5	0.623,29	1.59	0.57
敵對	1.655,6	0.664,68	1.68	0.65
恐怖	1.564,7	0.615,27	1.42	0.51
偏執	1.684,6	0.628,19	1.78	0.65
精神病性	1.674,1	0.604,41	1.58	0.54

這與魏純鐳等（2005）研究結論一致。他們的研究發現，浙江省部分高校大學生在症狀自評量表的軀體化、強迫、人際關係、抑鬱、焦慮、敵對、恐怖、偏執、精神病性 9 個因子分均明顯高於全國常模，差異意義顯著（$P<0.01$）。同時，也與周科慧（2005）的調查結果一致。桑海雲（2010）的研究

也發現，江蘇欠發達地區農村籍大學生心理健康水平低於全國青年常模，除在軀體化和人際因子方面沒有差異外，其他都有顯著的差異，而且在強迫、焦慮、恐怖和精神病因子上有極其顯著的差異。

考慮到可能存在東西部地區差異問題，本研究與朱建軍（2009）對西部地區大學生心理現狀的調查結果進行了對比，對比發現隨機對來自西南三省的大學生進行抽樣，貧困大學生在軀體化、焦慮、敵對、精神病性因子上高於常模，並達到顯著水平。

為什麼大學生心理健康的現狀與全國常模相比，各因子的得分基本較高？究其原因，可能有以下幾個方面。

一是全國常模分別制定於 20 世紀 80 年代和 90 年代，有一定的滯後性。隨著經濟、社會和文化的發展，特別是近十多年來，進入二十一世紀後，中國經濟繼續保持穩步高速增長。社會主義市場經濟體制已經初步建立，市場在資源配置中的基礎作用顯著增強，宏觀調控體系日趨完善，以公有制經濟為主體、個體和私營等非公有制經濟共同發展的格局基本形成，經濟增長方式逐步由粗放型向集約型轉變。中國已成為世界上最具有發展潛力的經濟大國之一，人民生活總體上達到小康水平。隨著中國國力的強盛，國際地位的提高，世界各國包括亞洲、歐洲在內的一些國家都對中國文化給予了高度的認同和重視。在這種社會經濟文化的大背景下，全國心理健康水平的常模隨之發生一定調整，是很正常的。

二是可能是因為隨著經濟的飛速發展和社會的不斷進步，大學生雖然身處校園，沒有直接參與這些外部的變化，但是媒體報導、社會兼職、專業實習等各類途徑已經將這些外部的現狀倒影到他們的心中，並隨著就業時間的逼近所產生的各類壓力，都影響到在校大學生的心理健康[1]，因此大學生心理健康的各因子都有所提升。

第三節 大學生心理健康特點

經過差異分析，研究發現，大學生心理健康水平存在學校類別上的差異。重點大學學生的軀體化、強迫、人際關係、抑鬱、焦慮、敵對、恐怖、偏執、

---

[1] 魏純鎬，馬申. 浙江省 1,000 名在校大學生心理健康水平問卷調查 [J]. 中國臨床康復，2005（6）.

精神病性 9 個因子均極其顯著地高於普通大學（$P<0.01$）（見表 5-3）。

表 5-3　　　　　　　　大學生心理健康各因子的差異分析

Source	Dependent Variable	Type III Sum of Squares	df	Mean Square	F	Sig.
學校	軀體化	4.486	1	4.486	12.695	0.000
	強迫症狀	3.778	1	3.778	9.270	0.002
	人際關係	4.848	1	4.848	10.242	0.001
	抑鬱	7.651	1	7.651	16.738	0.000
	焦慮	3.023	1	3.023	7.855	0.005
	敵對	3.291	1	3.291	7.517	0.006
	恐怖	2.949	1	2.949	7.865	0.005
	偏執	2.604	1	2.604	6.649	0.010
	精神病性	5.350	1	5.350	14.926	0.000
性別	軀體化	4.452	1	4.452	12.597	0.000
	強迫症狀	0.225	1	0.225	0.546	0.460
	人際關係	0.173	1	0.173	0.360	0.549
	抑鬱	0.099	1	0.099	0.212	0.645
	焦慮	0.632	1	0.632	1.627	0.202
	敵對	1.070	1	1.070	2.427	0.120
	恐怖	1.062	1	1.062	2.812	0.094
	偏執	1.634	1	1.634	4.157	0.042
	精神病性	0.783	1	0.783	2.147	0.143
年級	軀體化	6.612	3	2.204	6.272	0.000
	強迫症狀	0.531	3	0.177	0.428	0.733
	人際關係	0.332	3	0.111	0.230	0.876
	抑鬱	1.412	3	0.471	1.008	0.389
	焦慮	1.993	3	0.664	1.715	0.163
	敵對	3.204	3	1.068	2.432	0.064
	恐怖	3.563	3	1.188	3.165	0.024
	偏執	2.494	3	0.831	2.116	0.097
	精神病性	1.560	3	0.520	1.426	0.234
專業	軀體化	4.770	1	4.770	13.514	0.000
	強迫症狀	0.382	1	0.382	0.926	0.336

表5-3(續)

Source	Dependent Variable	Type III Sum of Squares	df	Mean Square	F	Sig.
	人際關係	2.034	1	2.034	4.263	0.039
	抑鬱	2.390	1	2.390	5.147	0.024
	焦慮	0.492	1	0.492	1.266	0.261
	敵對	0.547	1	0.547	1.237	0.266
	恐怖	1.270	1	1.270	3.366	0.067
	偏執	1.092	1	1.092	2.774	0.096
	精神病性	1.262	1	1.262	3.467	0.063
生源地	軀體化	0.379	2	0.189	0.527	0.591
	強迫症狀	0.602	2	0.301	0.730	0.482
	人際關係	2.942	2	1.471	3.086	0.046
	抑鬱	1.563	2	0.782	1.677	0.188
	焦慮	0.253	2	0.127	0.326	0.722
	敵對	0.544	2	0.272	0.615	0.541
	恐怖	0.290	2	0.145	0.382	0.682
	偏執	0.486	2	0.243	0.616	0.541
	精神病性	2.699	2	1.350	3.722	0.025

　　大學生心理健康水平的部分因子存在性別上的差異。女生軀體化和偏執因子分高於男生（$P=0.00$），其他8個因子上男女之間無明顯差異（$P>0.05$），這與國內研究部分一致。桑海雲（2010）研究顯示，女大學生的心理健康水平遠遠低於男大學生的心理健康水平，但是在具體的因子項目上有不一致，他的研究結果顯示女生在抑鬱、焦慮、恐怖因子上顯著高於男生（$P<0.05$），這可能與女生人際交往是非多、多愁善感、易緊張、膽小有關。另外，桑海雲的調查表明男生在偏執因子上高於女生，這可能與男生考慮問題好偏激、情緒好激動、爭強好勝、易被激怒有關。

　　大學四個年級在軀體化和恐怖因子得分上有差異（見表20），都是隨著年級的增加而升高，與本研究部分結果一致。桑海雲（2010）研究得出，大學生軀體化、抑鬱、焦慮和飲食睡眠因子上的均分和標準差在年級之間由低到高呈遞增趨勢：四年級的高於三年級、三年級高於二年級、二年級高於一年級，這表明在這4個因子上年級越高心理狀況越差。另外，桑海雲的研究與本研究不一致的地方在於，強迫和人際因子上的均分和標準差二年級低於其他年級，

說明二年級農村籍大學生強迫和人際方面的心理健康水平高於其他年級；偏執和精神病因子上的均分和標準差是二、三年級低於一、四年級，也說明二、三年級偏執和精神病方面上的心理健康水平高於一、四年級；敵對因子上說明三年級的農村籍大學生心理健康水平高於其他年級；恐怖因子上四年級最高並且與其他年級達到顯著性差異（$P<0.05$），這可能因為四年級大學生即將面臨畢業，而今高校引入競爭機制，帶給學生更多的壓力，對現實的憂慮、對選擇的思考以及對未來的追求讓大學生們心理「超負荷」。尤其是農村籍的大學生，沒什麼社會背景，在求職擇業上會比非農村籍大學生更難，因此他們對即將走上社會充滿恐懼心理。[1]

文科和理工科大學生在軀體化、抑鬱和人際關係因子有差異（$P<0.05$），理工科學生得分顯著高於文科得分。這與朱建軍（2009）研究結果略有不同，他的研究發現不同學科性質的貧困大學生心理健康狀況存在差異，表現在文科貧困大學生在強迫症狀、敵對、偏執、精神病性、睡眠及飲食情況因子上顯著高於理科貧困大學生。這個不一致可能與朱建軍的研究群體只集中在貧困同學上有關。

農村生源和城市生源在人際關係和精神病性因子有差異（$P<0.05$），農村生源學生得分高於城市生源學生得分。桑海雲（2010）研究發現，欠發達地區農村籍大學生心理健康水平低於全國青年常模，這一點與本研究基本一致，但是在具體的因子項目上，桑海雲研究中所包含的因子更多，除在軀體化和人際因子方面沒有差異外，其他都有顯著的差異，而且在強迫、焦慮、恐怖和精神病因子上有極其顯著的差異。[2]

---

[1] 桑海雲.江蘇欠發達地區農村籍大學生心理健康現狀調查及建議［J］.現代教育管理，2010（1）：99.

[2] 桑海雲.江蘇欠發達地區農村籍大學生心理健康現狀調查及建議［J］.現代教育管理，2010（1）：102.

第六章 情緒管理能力影響大學生心理健康的量化分析

第四章測查了大學生的情緒管理能力現狀，第五章對大學生的心理健康狀況進行了測評，本章則對大學生情緒管理能力與心理健康的關係進行進一步的分析。

第一節 相關分析

將大學生情緒管理能力問卷的總分及各因子與 SCL-90 症狀問卷各因子進行相關分析，結果見表 6-1：

表 6-1 大學生情緒管理能力總分及各因子與 SCL-90 症狀問卷各因子的相關分析 Correlations

		因素 1	因素 2	因素 3	因素 4	因素 5	總問卷
軀體化	Pearson Correlation	-0.238(**)	-0.329(**)	-0.063	-0.298(**)	-0.053	-0.345(**)
	Sig. (2-tailed)	0.000	0.000	0.090	0.000	0.155	0.000
強迫症狀	Pearson Correlation	-0.229(**)	-0.289(**)	-0.053	-0.405(**)	-0.105(**)	-0.370(**)
	Sig. (2-tailed)	0.000	0.000	0.154	0.000	0.005	0.000
人際關係敏感	Pearson Correlation	-0.276(**)	-0.320(**)	-0.132(**)	-0.419(**)	-0.103(**)	-0.420(**)
	Sig. (2-tailed)	0.000	0.000	0.000	0.000	0.005	0.000

表6-1(續)

		因素1	因素2	因素3	因素4	因素5	總問卷
抑鬱	Pearson Correlation	-0.328(**)	-0.351(**)	-0.108(**)	-0.471(**)	-0.142(**)	-0.472(**)
	Sig. (2-tailed)	0.000	0.000	0.004	0.000	0.000	0.000
焦慮	Pearson Correlation	-0.248(**)	-0.323(**)	-0.045	-0.410(**)	-0.057	-0.377(**)
	Sig. (2-tailed)	0.000	0.000	0.228	0.000	0.127	0.000
敵對	Pearson Correlation	-0.257(**)	-0.416(**)	-0.044	-0.377(**)	-0.094(*)	-0.422(**)
	Sig. (2-tailed)	0.000	0.000	0.241	0.000	0.011	0.000
恐怖	Pearson Correlation	-0.243(**)	-0.356(**)	-0.046	-0.275(**)	-0.052	-0.348(**)
	Sig. (2-tailed)	0.000	0.000	0.220	0.000	0.159	0.000
偏執	Pearson Correlation	-0.253(**)	-0.379(**)	-0.083(*)	-0.362(**)	-0.073(*)	-0.403(**)
	Sig. (2-tailed)	0.000	0.000	0.025	0.000	0.050	0.000
精神病性	Pearson Correlation	-0.255(**)	-0.371(**)	-0.083(*)	-0.359(**)	-0.099(**)	-0.406(**)
	Sig. (2-tailed)	0.000	0.000	0.025	0.000	0.007	0.000
其他	Pearson Correlation	-0.232(**)	-0.337(**)	-0.060	-0.321(**)	-0.058	-0.355(**)
	Sig. (2-tailed)	0.000	0.000	0.106	0.000	0.118	0.000
總分	Pearson Correlation	-0.297(**)	-0.398(**)	-0.084(*)	-0.432(**)	-0.100(**)	-0.454(**)
	Sig. (2-tailed)	0.000	0.000	0.023	0.000	0.007	0.000

** Correlation is significant at the 0.01 level (2-tailed).
Correlation is significant at the 0.05 level (2-tailed).

(因素1——理性思考能力，因素2——控制消極發泄能力，因素3——尋求社會支持能力，因素4——控制消極暗示能力，因素5——積極補救能力)

軀體化因子主要反應主觀身體的不適感。表20結果表明，大學生的理性思考能力（因素1）、控制消極發泄能力（因素2）、控制消極暗示能力（因素4）與該因子顯著相關。

強迫症狀因子反應臨床上的強迫症狀群，大學生的理性思考能力（因素1）、控制消極發泄能力（因素2）、控制消極暗示能力（因素4）和積極補救能力（因素5）與該因子顯著相關。

人際關係敏感因子主要指個人的不自在感和自卑感，尤其是在與其他人相比較時更突出。結果顯示，大學生的理性思考能力（因素1）、控制消極發泄能力（因素2）、尋求社會支持能力（因素3）、控制消極暗示能力（因素4）和積極補救能力（因素5）與該因子顯著相關。

　　抑鬱因子反應與臨床上抑鬱症狀群相聯繫的廣泛的概念。數據顯示，大學生的理性思考能力（因素1）、控制消極發泄能力（因素2）、尋求社會支持能力（因素3）、控制消極暗示能力（因素4）和積極補救能力（因素5），情緒管理能力的五個維度都與該因子顯著相關。

　　焦慮因子指在臨床上明顯與焦慮症狀群相聯繫的精神症狀及體驗。研究發現，大學生的理性思考能力（因素1）、控制消極發泄能力（因素2）、控制消極暗示能力（因素4）跟該因子顯著相關。

　　敵對因子主要從思維、情感及行為三方面來反應被試的敵對表現。結果顯示，大學生的理性思考能力（因素1）、控制消極發泄能力（因素2）、控制消極暗示能力（因素4）和積極補救能力（因素5）與該因子顯著相關。

　　恐怖因子與傳統的恐怖狀態或廣場恐怖所反應的內容基本一致。大學生的理性思考能力（因素1）、控制消極發泄能力（因素2）、控制消極暗示能力（因素4）跟該因子顯著相關。

　　偏執因子主要是指猜疑和關係妄想等。結果顯示，大學生的理性思考能力（因素1）、控制消極發泄能力（因素2）、尋求社會支持能力（因素3）、控制消極暗示能力（因素4）和積極補救能力（因素5），情緒管理能力的五個維度跟該因子顯著相關。

　　精神病性因子是指幻聽、思維播散、被洞悉感等反應精神分裂樣症狀項目。同偏執因子一樣，大學生情緒管理能力的五個維度都與該因子顯著相關。

　　由此可見，大學生的理性思考能力（因素1）、控制消極發泄能力（因素2）、控制消極暗示能力（因素4）這三方面的情緒管理能力與SCL-90的每個因子和總分都是極其顯著負相關，由於SCL-90問卷都是反應心理健康的負向題，因此這說明大學生理性思考能力、控制消極發泄能力、控制消極暗示能力三方面的情緒管理能力與大學生心理健康水平的各因子極其顯著正相關。大學生尋求社會支持能力（因素3）的情緒管理能力只與SCL-90的人際關係敏感因子、抑鬱因子極其顯著負相關，與偏執因子和精神病性因子顯著負相關，這說明大學生尋求外界幫助的情緒管理能力與他們的心理健康的部分因子比較顯著地呈正相關。大學生積極補救（因素5）的情緒管理能力與強迫症狀、人際關係敏感、抑鬱和精神病性這四個因子極其顯著地呈負相關，與敵對因子、偏

執因子顯著相關，這說明積極補救的情緒管理能力與大學生的心理健康水平比較顯著地呈正相關。

總體而言，大學生情緒管理能力問卷的5因素和總分與SCL-90症狀問卷的9個因子存在比較顯著的負相關，大學生的情緒管理能力與大學生的心理健康存在比較顯著的正相關。大學生情緒管理能力越強，心理健康水平就越高，情緒管理能力越差，心理健康水平就越弱。

第二節 迴歸分析

迴歸分析是應用極其廣泛的數據分析方法之一。它基於觀測數據建立變量間適當的依賴關係，以分析數據內在規律，並可用於預報、控制等問題。

迴歸分析（Regression Analysis）是確定兩種或兩種以上變量間相互依賴的定量關係的一種統計分析方法，運用十分廣泛。迴歸分析按照涉及的自變量的多少，分為簡單迴歸分析和多重迴歸分析；按照自變量的多少，可分為一元迴歸分析和多元迴歸分析；按照自變量和因變量之間的關係類型，可分為線性迴歸分析和非線性迴歸分析。如果在迴歸分析中，只包括一個自變量和一個因變量，且兩者的關係可用一條直線近似表示，這種迴歸分析稱為一元線性迴歸分析。如果迴歸分析中包括兩個或兩個以上的自變量，且因變量和自變量之間是線性關係，則稱為多重線性迴歸分析。[①]

在迴歸分析中，把變量分為兩類。一類是因變量，它們通常是實際問題中所關心的一類指標；而影響因變量取值的另一類變量稱為自變量。迴歸分析研究的主要問題分為以下四類：①確定因變量與自變量間的定量關係表達式，這種表達式稱為迴歸方程；②對求得的迴歸方程的可信度進行檢驗；③判斷自變量對因變量有無影響；④利用所求得的迴歸方程進行預測和控制。

本研究採用多元線形迴歸模型來分析大學生情緒管理能力對大學生心理健康的影響。模型的變量有大學生情緒管理能力與大學生心理健康的各因子，以及生理因素、知識背景、性格因素、社會支持、活動與愛好。

本研究迴歸分析的思路如下：首先以大學生心理健康的9個因子為因變量，以大學生情緒管理能力的5個因子以及生理因素、知識背景、性格因素、

---

① 百度百科. 迴歸分析［DB/OL］. http://baike.baidu.com/link? url=vRB-E9J27Fgu3OeFn1X862wilQwovu2iCHcKsceJj_Mna-DR9d-t6vMAfrTw6tqR9km5YcU35X1sWDB7ErS7NK.

活動與愛好、社會支持為自變量,進行迴歸分析;再以大學生情緒管理的 5 個因子為因變量,生理因素、知識背景、性格因素、活動與愛好、社會支持為自變量。

迴歸方法選用的是逐步迴歸法(Stepwise),先分別計算每個自變量對因變量的貢獻大小,按照由大到小的順序挑選貢獻最大的一個先進入方程,然後重新計算剩餘的各自變量對因變量的貢獻,並考察已被選入方程中的變量是否由於新自變量的引入而不再有統計意義,如果有,則將它剔除,並重新計算各自變量對因變量的貢獻。一直進行到方程內沒有變量可被剔除,方程外沒有變量可被引進為止。

表 6-2 是直線迴歸分析後總體模型的結果,表中可見各個系數的檢驗結果,標準化迴歸系數 Beta 值都具有極其顯著的統計學意義,這說明自變量情緒管理能力對因變量大學生心理健康存在影響。

表 6-2　　　　　　　　　　總體模型的迴歸分析

		Unstandardized Coefficients B	Std. Error	Standardized Coefficients Beta	t	Sig.
軀體化	因素 2	-0.017	0.003	-0.210**	-5.597	0.000
	因素 4	-0.020	0.005	-0.167**	-4.365	0.000
	生理因素	-0.069	0.019	-0.129**	-3.727	0.000
	知識背景	0.051	0.017	0.104**	3.069	0.002
	因素 1	-0.012	0.004	-0.107**	-2.947	0.003
強迫症狀	因素 4	-0.043	0.005	-.316**	-8.439	0.000
	因素 2	-0.013	0.003	-.146**	-3.991	0.000
	社會支持	-0.077	0.021	-0.125**	-3.645	0.000
人際關係敏感	因素 4	-0.040	0.006	-0.271**	-7.188	0.000
	因素 2	-0.017	0.004	-0.168**	-4.674	0.000
	社會支持	-0.075	0.023	-0.113**	-3.293	0.001
	因素 1	-0.016	0.005	-0.112**	-3.200	0.001
	性格因素	0.066	0.027	0.085*	2.481	0.013
抑鬱	因素 4	-0.046	0.005	-0.317**	-8.865	0.000
	因素 1	-0.023	0.005	-0.157**	-4.718	0.000
	因素 2	-0.017	0.003	-0.170**	-4.932	0.000
	社會支持	-0.102	0.021	-0.156**	-4.825	0.000

表6-2(續)

		Unstandardized Coefficients B	Unstandardized Coefficients Std. Error	Standardized Coefficients Beta	t	Sig.
焦慮	因素4	-0.038	0.005	-0.284**	-7.500	0.000
	因素2	-0.015	0.003	-0.173**	-4.751	0.000
	社會支持	-0.064	0.020	-0.108**	-3.161	0.002
	因素1	-0.013	0.005	-0.097**	-2.761	0.006
敵對	因素2	-0.029	0.003	-0.301**	-8.416	0.000
	因素4	-0.028	0.005	-0.197**	-5.298	0.000
	因素1	-0.015	0.005	-0.107**	-3.095	0.002
	社會支持	-0.060	0.021	-0.094**	-2.786	0.005
恐怖	因素2	-0.024	0.003	-0.275**	-7.307	0.000
	因素1	-0.019	0.005	-0.144**	-4.004	0.000
	因素4	-0.015	0.005	-0.116**	-3.005	0.003
偏執	因素2	-0.024	0.003	-0.264**	-7.283	0.000
	因素4	-0.025	0.005	-0.188**	-4.991	0.000
	社會支持	-0.088	0.020	-0.146**	-4.284	0.000
	因素1	-0.014	0.005	-0.103**	-2.947	0.003
精神病性	因素2	-0.022	0.003	-0.255**	-6.986	0.000
	因素4	-0.025	0.005	-0.192**	-5.067	0.000
	社會支持	-0.067	0.020	-0.116**	-3.396	0.001
	因素1	-0.014	0.005	-0.112**	-3.170	0.002
因素1	活動與愛好	0.615	0.079	0.280**	7.800	0.000
	生理因素	0.620	0.165	0.133**	3.770	0.000
	社會支持	0.506	0.164	0.111**	3.081	0.002
因素2	生理因素	0.716	0.253	0.105**	2.834	0.005
	知識背景	-0.613	0.230	-0.099**	-2.672	0.008
因素3	社會支持	0.482	0.126	0.143**	3.832	0.000
	性格因素	-0.564	0.147	-0.143**	-3.828	0.000
因素4	社會支持	0.723	0.168	0.162**	4.315	0.000
	性格因素	-0.674	0.198	-0.129**	-3.401	0.001
	活動與愛好	0.254	0.082	0.118**	3.094	0.002

表6-2(續)

		Unstandardized Coefficients		Standardized Coefficients	t	Sig.
		B	Std. Error	Beta		
因素5	活動與愛好	0.455	0.074	0.228**	6.135	0.000
	社會支持	0.404	0.154	0.098**	2.629	0.009

(因素1——理性思考能力，因素2——控制消極發泄能力，因素3——尋求社會支持能力，因素4——控制消極暗示能力，因素5——積極補救能力)

根據迴歸參數 B 值，建立大學生情緒管理對大學生心理健康影響的路徑分析。

第三節　大學生情緒管理能力與心理健康的關係

本章第一節相關分析結果顯示大學生情緒管理能力問卷的5因素和總分與SCL-90症狀問卷的9個因子存在比較顯著的負相關，大學生的情緒管理能力與大學生的心理健康存在比較顯著的正相關，大學生情緒管理能力越強，心理健康水平就越高，情緒管理能力越差，心理健康水平就越弱。本章第二節的迴歸分析顯示標準化迴歸係數 Beta 值都具有極其顯著的統計學意義，自變量情緒管理能力對因變量大學生心理健康存在影響。

具體的研究結果顯示，大學生的理性思考能力、控制消極發泄能力、控制消極暗示能力這三方面的情緒管理能力對大學生心理健康水平的各因子有極其顯著的影響。如果大學生不能理智地調控情緒不適，任由情緒肆意發泄，並且不斷受到消極的心理暗示，就會產生各類軀體化、焦慮、人際關係敏感、抑鬱、偏執等各類心理症狀。大學生尋求外界幫助的情緒管理能力只對SCL-90的人際關係敏感因子、抑鬱因子有顯著影響，對偏執因子和精神病性因子有影響，這說明大學生尋求外界幫助的情緒管理能力的提高，會顯著降低他們的人際關係敏感程度、抑鬱程度、偏執程度、精神病性程度，這與Jou（1997）的研究結論一致。Jou等對日本13所大學的175名中國大學生的壓力、社會支持與心理健康、幸福感的關係進行研究，發現其壓力越高或需要的社會支持越多，感到或得到的社會支持越少，抑鬱症狀越嚴重，感到或得到的社會支持越

多，幸福感越強①。大學生積極補救的情緒管理能力對心理健康的強迫症狀、人際關係敏感、抑鬱和精神病性這四個因子有極其顯著的影響，與敵對因子、偏執因子有比較大的影響。

總體模型的多元線性迴歸分析和路徑分析表明，影響因素中的諸因素除活動與愛好之外，其他因素對大學生心理健康的影響都是以大學生情緒管理能力為仲介的。

第四節　量化分析研究結論

一、研究結論

基於之前的研究過程，可總結提煉出以下的量化研究結論：

（1）自編的大學生情緒管理問卷具有良好的信度和效度，符合心理測量學的要求，可作為大學生情緒管理能力的測量工具。

（2）大學生情緒管理能力可分為五個維度：理性思考能力、控制消極發洩能力、尋求外界支持能力、控制消極暗示能力、積極補救能力。大學生的情緒管理能力總體上呈現正向趨勢。各維度得分的順序為：控制消極發洩能力>理性思考能力>尋求外界支持能力>控制消極暗示能力>積極補救能力。

（3）普通大學和重點大學的大學生在理智調控和尋求外界支持兩方面的能力上存在差異顯著，前者優於後者。

女生的理性思考能力和尋求外界幫助能力要顯著高於男生。

大學生在情緒管理總分以及理智調控控制、消極發洩兩個因素上存在顯著的年級差異，在其他三個因素上沒有顯著差異。大學生在情緒管理總分和理性思考能力上都呈現先上升後下降的趨勢，表現為二年級>一年級>三年級>四年級；在控制消極發洩能力上呈現逐漸下降的趨勢，表現為一年級>二年級>三年級>四年級。

文科大學生尋求外界幫助的能力顯著強於理工科大學生。

不同生源地的大學生在情緒管理能力上無顯著差異。

（4）活動與愛好、社會支持對大學生情緒管理能力存在及其顯著的影響。生理因素、性格因素和知識背景對大學生情緒管理能力也有影響。

---

① Jou Y. H., Fukada H. Stress and social support in mental and physical health of Chinese students in Japan [J]. Psychol Rep, 1997, 81 (3): 1303-1312.

（5）大學生的心理健康水平低於全國常模。心理健康各因子存在顯著的學校差異和年級差異；女生軀體化和偏執因子分高於男生；理工科學生軀體化、抑鬱和人際關係因子得分顯著高於文科得分；農村生源學生人際關係和精神病性因子得分高於城市生源學生。

（6）大學生情緒管理能力問卷的5個維度對大學生的心理健康有顯著的影響。影響因素中的諸因素除活動與愛好之外，其他因素對大學生心理健康的影響都是以大學生情緒管理能力為仲介的。

二、教育干預建議

基於以上的量化研究結果，我們提出以下針對性的教育干預建議。

（一）大學二年級是進行情緒管理能力干預的關鍵期

從大學生情緒管理能力各因素和總分的年級變化趨勢圖來看，大學二年級是大學生情緒管理能力發展的轉折期，可塑性較強。因此，在此階段對大學生情緒管理能力進行干預，必將受到良好的效果。干預方式可採取個別諮詢、團體輔導、心理教育、心理預防以及各類方式相結合的方法。

（二）應加強對理工科專業大學生情緒管理能力的輔導

要重點提高他們的人文修養素質，鼓勵他們多讀書，讀好書，增長眼界，開闊心胸，教給他們遭遇情緒不適時尋求外界幫助的技能，以及理智地對消極情緒進行調控和升華的技巧，不要過度地壓抑情緒，也不能任由情緒肆意發泄，從而促進他們的心理健康水平。

（三）要重視對男大學生的情緒管理能力的培訓

在對男大學生進行情緒管理能力輔導的時候，要重點加強他們理智控制和尋求外界幫助的能力。

（四）大學要建立各類大學生社團，培養大學生廣泛的興趣愛好

大學要經常組織各種有意義的活動，鼓勵大學生積極參與，多與同學交往，這是增強大學生情緒管理能力的有效方法。

第七章　情緒管理能力影響大學生心理健康的質性研究

　　前幾章中的研究主要通過問卷法和統計法研究了大學生的情緒管理能力的特點及其與心理健康的關係，但基於問卷法和統計法的局限性，研究方法單一，本章中的研究進一步採用質性研究方法來彌補其缺陷，以保證研究的科學性。

　　質性研究是一種定性研究方法。定量研究的目的在於測量、驗證和解答「有多少」的問題，而定性研究的目的在於理解、發現、解答「為什麼」的問題。定量研究和定性研究有各自適用的研究範圍，前者主要在於事實、意見和行為等相對簡單的問題，後者針對動機、態度和決策等複雜的問題。從呈現形式上，定量研究為數值，表現為清晰、精簡、可推斷的趨勢，而定性研究為詞彙，表現為細緻、豐富、完整、多樣化的觀點。定量研究多採用標準化、結構化的量表問卷，大樣本具有代表性，屬於廣度探測；定性研究多採用開放、自由、互動的訪談、座談或投射技術，屬於深度探測，小樣本，樣本集中、目的性強。

　　質性研究和量化研究根據研究對象的不一樣，各具優缺點，如定量研究能夠通過統計分析可以找出主要的影響因素，但研究過程耗時較長，內容不可更改，操控性相對較差，無法發掘深層原因。定性研究能夠深層次、多角度、多途徑地發掘動機，但不能推斷總體，很難對整個市場下結論，研究結果受到研究人員的經驗、能力影響較大。因此如果兩種方法能夠結合使用，則能互相彌補缺點，將研究做得更為完善。

第一節 質性研究的過程

一、與量化研究相銜接的過程模型

質性研究並非獨立存在，它與量化研究相銜接，並存於研究過程中，為研究問題的最終解決發揮各自應有的功能。

本部分的質性研究以何種方式與之前的量化研究相對接？這涉及研究過程的模型。研究過程的模型取決於研究者對於研究假設功能的態度。假設是世界的各種版本，這些版本在研究過程中會不斷得到修訂、驗證、建構和再建構。假設並非對既有事實或正確或錯誤地描繪，而是洞察世界的各種版本或者視角，具有相對性和暫時性的特點。通過版本的更新和發展，如通過對新材料的補充解釋，理論將會更好扎根於所研究的對象。每一個研究過程並非作為一張白板而開始，並非以零為起點，研究的起點是對研究對象的一種預先理解，此為假設。與此相應，Kleining（1982）針對質性研究所提出的「第一規則」：「有關所研究對象的預先理解應該被視為是暫時的，並且應該通過新的、與其不一致的信息得到拋棄和超越。」這種預先的假設是對研究對象的暫時理解，在研究過程中將會得到不斷的修訂和改進，並得到更加詳細的闡述，而這種對假設不斷進行的修改，則最終推進了研究對象的理論建構。

研究過程的模型有線性模型和環形模型兩種。線性模型是傳統的研究過程模式，研究基於一定的理論基礎，提出研究假設，進行抽樣和資料收集，而後對收集到的資料進行分析，最後驗證研究假設是否成立（如圖7-1和圖7-2所示）。

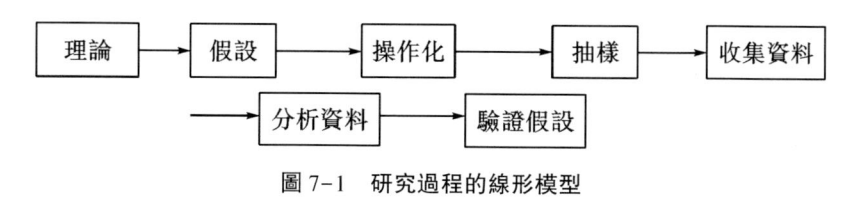

理論 → 假設 → 操作化 → 抽樣 → 收集資料 → 分析資料 → 驗證假設

圖7-1 研究過程的線形模型

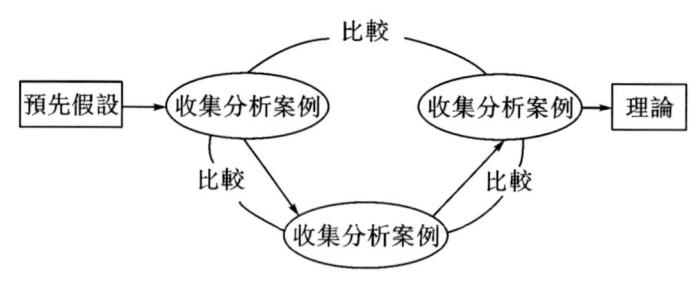

```
            比較
    ┌─────────────────┐
 ┌────┐   ┌────────┐      ┌────────┐   ┌────┐
 │預先假設│→│收集分析案例│      │收集分析案例│→│理論│
 └────┘   └────────┘      └────────┘   └────┘
           ↘    比較    比較   ↗
              ┌────────┐
              │收集分析案例│
              └────────┘
```

圖 7-2　研究過程的環形模型

環形的研究推動了許多以案例分析為研究起點的研究方法的發展（Kraimer, 2000）。研究首先基於一個預先假設，這個預先假設被視為暫時的，並且應該通過新的研究信息得到超越，在此研究假設的基礎之上收集分析案例，對不同案例之間條件和結果的異同進行比較，最後得出相關理論。

預先的研究假設在量化研究中得到部分證實，並遺留部分亟待解決的新問題，因此本章的質性研究採用第二種環形過程模型，收集多個案例，在比較中分析、歸納，並最終得出結論。

二、深度訪談的案例選擇

進行研究過程的設計後，就要對深度訪談的案例進行精心選擇。選擇案例時除了便利性和可進入性外，還有什麼可以成為指導研究者作出這個選擇的基礎呢？

正如鄧津和林肯所言：很多執行研究者採用立意，而非隨機的抽樣方法。研究者尋找一些種族人群、環境或個體，研究的過程可能直接深入他們的生活。（Denzin, Lincoln, 2000）

質性研究的抽樣不是統計的，也不是純粹個人化的，而是基於理論的。布里曼（Bryman）認為質性研究所一直遵從的原則是理論邏輯，而不是統計邏輯：「這個問題應該這樣表達，案例的推論是推向理論的命題，而不是向總體或者普遍推論。」（Bryman, 1988）

因此，深度訪談的抽樣有三方面的要求：根據理論選擇案例、選擇「異常」的案例和在研究過程中改變樣本規模。

（一）根據理論選擇案例

梅森說：「對更廣泛的世界所作出的社會解釋，和你對研究問題的建構有關。」（Mason, 1996）。梅森描述了對這樣一種能代表更為廣泛總體的樣本的選擇，選擇的樣本是由特定的「過程、類型、範疇，或者例子組成的」。特梅

森列舉了一個對性別關係進行話語分析的例子，他認為，在這種方法中「只是通過性別來抽取一個代表性的樣本，不可能根據大量的性別關係來探究整個社會世界」（Mason，1996）。所以在質性研究中，相關的或者「可樣本化」的單位，通常是由理論界定的，這就意味著用諸如「性別」「種族」或者甚至是年齡之類的特徵來抽樣是不合適的。

以下幾個方面是需要在案例選擇過程中著重考慮的：環境、研究焦點、進一步推論。作為一個獨立的、不受資助的研究，當環境能夠提供感興趣的現象的時候，研究者選擇了那些可進入的，並能較為容易和快捷地提供合適材料的環境。在聚焦研究的過程中，研究者的選擇接受理論指導，關注特定的個體、時間或者過程的時候，意味著選擇某個特定的理論框架。為了有一個更為結構化的理論，需要以兩種方式拓展個案，其一是對已有案例進行更多的觀察，其二是在一個地域範圍內，將之與其他同質的或異質的案例進行比較。

（二）選擇「異常」案例

在訪談案例的選擇過程中，研究者試圖克服這樣一種傾向——只選擇能支持自己論點的案例。以為對於論點來，說消極的例子也是具有意義的。貝克爾的觀點是這樣的：「要堅持沒有什麼被想像出來的事是不可能的，所以要去尋求我們能想到的最不可能的東西，並把他們的存在，或者他們存在的可能性考慮進來。」（Becker，1998）之所以選擇反常的案例，是因為它對理論提供了關鍵的檢驗。

（三）在研究過程中改變樣本規模

質性研究設計的一個優勢就在於它比多數量化研究設計有更多的靈活性。如梅森所言：「理論或者立意抽樣是這樣的一系列程序，在研究過程中研究者交互地運用它們的分析、理論以及抽樣活動，其交互程度比統計抽樣大得多。」（Mason，1996）

這種靈活性適用於以下情況：當新因素出現時，你可能想要增加案例，從而可以說出更多關於它們的東西；在早期階段，你可能想要聚焦在一小部分樣本上，而到後來驗證新形成的概括的時候，要用到更多的樣本；資料分析階段產生的未預料到的概括，導致研究者需要尋求新的反常案例。有研究者把這種過程比作沙漏：「通過尋找相反的和類似的案例，一個狹窄的案例分析被拓展為對一個更大實體的解說。因此在最後的階段，研究過程發展為一個更大實體的探討。我們在沙漏的最底端結束。」（Alasuutari，1995）

「抽樣對於任何一種研究來說都是一個主要問題。我們不可能對感興趣的所有案例都進行研究，我們也不需要。各種試圖有所發現的科學事業，都可以

把通過研究一些案例的某種發現應用於全部，研究的結果要推論到那個種類的所有成員。我們需要例子去說服人們，即我對於整個種類有所瞭解。」（Becker，1998）

　　質性研究可以在最初的發現建立起來之後，引入新的案例，來增進發現的可推論性。也正如阿拉索塔里所建議的：「推論是一個只應該留給調查研究的詞語。取而代之的分析是，研究者如何展示這些分析和手頭資料以外的東西聯繫。外推也許更好地抓住了質性研究的典型過程。」（Alasuutari，1995）

三、編碼分析與理論建構

　　案例研究專家 Punch（2000）提出案例研究有兩種形成理論的形式：一種是概念化，另一種是主張和命題。所謂概念化（Conceptualizing）就是通過深刻認識、理解一個現象，抽象出一個全新的概念以反應該現象的本質；提出主張和命題就是對各種概念之間或各種因素之間的關係進行一種推測。

　　根據從數據到理論的產生過程的嚴密性，Punch（1998）將理論分為如下四個抽象層次：①從個案到個案的轉換。轉化的合理性或者效度取決於案例之間的相似性。②概念化與提出命題。適合於多個案、多方法綜合運用的情形，其推理邏輯是所謂的「分析式歸納」。③從樣本到總體的推理。調查法的推理邏輯是統計學原理，以統計檢驗顯著為標準，具有較高的可信度和精確性。④有控制的因果機制理論。這種理論是實驗的原理，具有最高的可信度和精確性。本研究理論產生的層次是概念化與提出命題。

　　質性研究編碼分析與理論建構的過程中，經常要面對如何處理紛繁多樣的研究素材的挑戰，這類素材可能是訪談錄音，也可能是在現場的觀察筆記、收集到的文本資料或者拍攝到的圖片資料等。早在 20 世紀 80 年代，研究者便開始使用電腦輔助質性研究分析，其中以理論建構為目標導向的編碼類質性分析軟體常被採用的有兩種，一種是柏林科技大學心理系發展的 Atlas.ti；另外一種是澳洲 La Trobe 大學電腦科學系發展的 Nvivo。作為整合型的研究工具，這兩種軟件都具備大多質性分析軟體的常見功能，例如搜索、編碼、產生規則、建立理論、建立索引、建立邏輯關係、建立概念網路。

　　這兩套軟件對質性分析研究者最常用到的編碼和搜尋兩項功能而言，相差不多，但其設計仍各有所長。Atlas.ti 除文字資料外，還支援多媒體資料（網頁、圖片、聲音、影片）的分析，並有極流暢和便利的操作界面，以及多樣的分析結果輸出方式。較之於 Atlas.ti，Nvivo 的操作流暢性略差，但是在研究分析的輔助功能上如高彈性的編碼則略勝一籌，適合建立編碼。兩套軟件各有

優劣，依賴研究者的研究問題所需，若需要處理多種類型的資料，Atlas. ti 是首選；若是長期的研究，需要多樣的分析處理，那麼 Nvivo 則是較佳選擇。

不論哪一套軟件都有其不足之處，但是其中任何一種軟件工具的使用都能為研究者帶來極大的便利，而不用像以往的手工分析時的複雜和零散。試想對於這行錄音、文本、圖片的分析，首先要進行資料整理，然後是閱讀註解，然後使用大量紙張做成多欄表格進行比較源 進行編碼，在思考中反覆對比編碼和文件 其中的工作相當繁瑣且耗時勞神 。質性分析軟件的使用，雖然不能替代研究者的思考，但是卻極大地降低了研究量，讓研究者可以將更多的精力專注於思考。

基於以上考慮，本研究採用了 CAQDAS 的 ATLAS. ti 軟件，對質性研究的深度訪談錄音材料進行編碼分析和理論建構。

筆者在與每位訪談對象進行深度交談之前都只是約談了時間、地點和大概的主題「情緒管理」，並沒有正式告知精確的訪談題目，以免訪談對象緊張和刻意地準備，因為一旦精心準備的回答就可能是一種應然狀態的回答，而不是實然的個體的代表性回答。

雖然質性研究對於抽樣並沒有量化研究那樣的程序化，但是為保證訪談不至於偏頗，還是對訪談對象進行了初步的抽樣，兼顧性別、專業等特徵，每個人的訪談時間在 1 小時以上，採用開放式訪談，以情緒管理的維度為框架，試圖找到大學生情緒管理現狀的深層原因及其與心理健康的關係。

第二節　自我意識覺醒程度是情緒管理的關鍵因素

由於情緒過程系列環節的發生大多數是瞬間的，所以除了極少數的情緒管理能夠在過程中進行管理，絕大多數情緒管理都是過程前管理或過程後管理（如圖 7-3）。

```
                    情緒的過程
        認知評估─身體反應─感受─面部表達─行動

  過程前管理           過程中管理            過程後管理
```

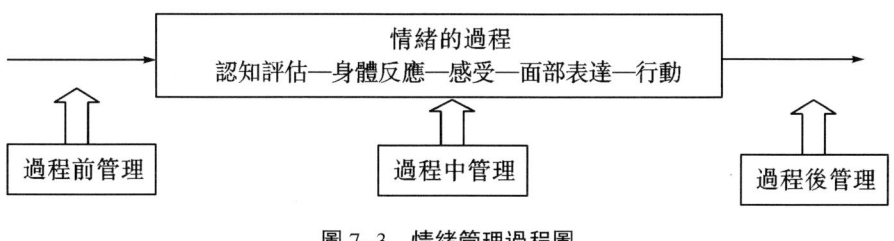

圖 7-3　情緒管理過程圖

大學生大多是 18～24 歲，處於自我情緒管理的初級階段，在學校生活與社會生活兩種不同的生活模式中不斷切換，處於包括自我管理在內的各類人生經驗累積階段，在不斷地試錯，在生活的獎勵與懲罰中獲得智慧的累積和人生的成長。因此，大學生的情緒管理以獲取關於自身情緒特點以及如何有效管理自身情緒的經驗為主，主要是為了啟發下一次或者下一個人生階段的情緒管理，因此主要是以過程後管理為主。

　　在過程後情緒管理為主要特徵的大學生情緒管理中，情緒管理即有意識地對情緒發生的過程進行干預，這種干預分為自我干預和外部干預。而情緒的過程分為認知評估、身體反應、感受、面部表達、行動這一系列過程，對情緒進行有效管理是對以上過程各環節的干預。因此，進行情緒管理的首要條件是自我意識的覺醒——覺察到引發情緒的認知、身體的反應、感受和所採取的行動，覺察到情緒是否發生、強度如何、為什麼發生、已經發展到哪個階段，並對情緒者和周圍造成了什麼影響，從而啟動情緒管理模式。

　　自我意識是對自己身心活動的覺察，即自己對自己的認識，具體包括認識自己的生理狀況（如身高、體重、體態等）、心理特徵（如興趣、能力、氣質、性格等）以及自己與他人的關係（如自己與周圍人們相處的關係，自己在集體中的位置與作用等），具有意識性、社會性、能動性、同一性等特點。[①]人生不同的發展階段，其自我意識的形成各有特點。自我意識的覺醒程度即意味著已經建構的經驗圖式的激活，自我意識是否覺醒意味著已有知識圖式是否被激活，而該激活點是否被激活與激活點的多少與激活閾限的高低相關：激活點的多少與已有知識圖式的豐富程度相關，激活閾限與年齡階段、家庭背景、教育經歷、社交圈等相關。

　　有研究表明，如果當事者能夠較好地覺察情緒，並且描述情緒的反應，很有可能啟動情緒管理模式，有助於快速、有效地進行管理。情緒管理需要回答以下幾個問題：

　　（1）WHAT——我處在什麼情緒中。當事者需要在已經佔有的情緒詞庫裡選擇一個標籤命名當下的情緒。在這個過程中，可以不用拘泥於詞語的形式，可以用中文母語表達，比如百無聊賴，也可以用自己覺得貼切的外文表達，比如用「Boring」表示無聊，或者使用網路語「囧」來形容自己的困頓心情。

　　（2）WHEN——情緒發生的時間及緊迫程度。當事者要明瞭自己情緒發生

---

① 自我意識. 百度百科 [DB/OL]. http://baike.baidu.com/link？url＝G5ugXhOUZ0QQ0Bg0bPjKBMrKS9ChWuhTZjsGaE6HUrmRsk_-yV7M8Y11NsNF5waGy7DW9ofIUAWp5VA3FEborq.

的時間點，以及當下多要解決的問題進展到什麼程度，並根據這種時間的緊迫程度來決定情緒管理的緊急性。緊急的急需處理的問題，就需要較快地採取情緒管理策略；對於不緊急的問題所伴隨的情緒，就可以根據輕重緩急適度採取另外的管理策略。

（3）HOW——我的情緒有多強烈。即評估自己的情緒反應強度，包括身體反應強度和感受強度，在此過程中可使用簡單明瞭的五級評分法：非常輕微、輕微、一般、強烈、非常強烈。1980年，心理學家葉克斯和道森通過動物實驗發現，隨著課題難度的增加，動機最佳水平有逐漸下降的趨勢，這種現象稱為葉克斯－道森定律。後續研究證明，個體智力活動的效率與其相應的焦慮水平之間存在著一定的函數關係，表現為一種倒「U」形曲線，即隨著焦慮水平的增加，個體積極性、主動性以及克服困難的意志力也會隨之增強，此時的焦慮水平對效率可以起到促進作用；當焦慮水平為中等時，能力發揮的效率最高；而當焦慮水平超過了一定限度時，過強的焦慮對學習和能力的發揮又會產生阻礙作用。因此，對於難度較大的工作，應配置較低強度的焦慮，方可提高作業水平；對於難度較低的工作，為取得較好成績，應配置較高水平的焦慮；對於一般難度的焦慮，配置一般強度的焦慮則有助於工作的完成。與葉克斯－道森定律一致，對於一般強度的情緒，就要開始考慮為情緒調節賦予較高的優先級；而對於強度強烈的情緒，在同時不是很緊急的情況下，我們應該適度擱置手邊的事情，考慮使用情緒調節策略進行管理；如果強度到達非常強烈，此時不要繼續任何事情，有可能需要多種情緒管理策略的共同作用，如延遲反應、適度傾訴等。

（4）WHY——為什麼我會處在這種情緒中。刺激源的識別會讓之後的情緒管理有的放矢，否則會南轅北轍，不但沒有進行有效的情緒管理，反而適得其反。當事者此時需要明確地辨識出是什麼刺激源引發了自己的情緒，是一件什麼樣的事情？或者一個具備什麼特徵的物體？抑或是一個什麼性格的人？

因此，大學通識選修課中應該有意識地開設情緒心理學的相關課程，讓大學生瞭解情緒發生的過程和情緒的本質功能，從而較好地覺察自己和身邊人的情緒狀態及其誘因，描述情緒反應類型，把握情緒當前的強度並對可能產生的後果作出預判，進而啟動情緒管理模式，快速、有效地進行管理。

第三節　自我悅納是情緒管理的重要前提

而當對自己的情緒、身體反應和行為辨識後，在採取情緒管理相應策略前，最關鍵也是最容易被忽視的一步是接納自己的情緒，即與自我友好相處，愛自己，尊重自己，和自己成為最好的朋友。

一、承認情緒是客觀的中性的存在

當你有某種情緒的時候，不要試圖反抗它的存在，接納它。比如鄰近期末考試，有大學生感到焦慮，這個時候就不應該佯裝無所謂，而是承認「我確實有些焦慮」。然後不要認為情緒如洪水猛獸般可怕，每種情緒都有其進化意義上的積極功能，是內外信息協調、適應環境的產物，是人類自我保護的一種機制。如看到危險物感到害怕就促使人們遠離危險物，考試前的焦慮促使人們努力備考。因此恐懼也好，焦慮也罷，只是協調後決定遠離刺激物的一種傾向，具有本質上的積極功能，不能被主觀地貼上消極、負面的標籤。許多消極後果的產生主要是情緒沒有得到有效地管理，其預警功能沒有引起必要的重視或者過度重視的後果。因此，當某種情緒產生後，無論是愉快還是厭惡，都需要我們告訴自己「是的，這就是我此刻的情緒，沒關係」。

二、理解情緒，悅納自我

當強烈的情緒突然爆發，並即將引發一些衝動的行為後，有的人會自責或者責怪別人，「為什麼這樣！我怎麼又生氣了呢？」而辨識情緒的刺激源後，理解自己的情緒則是，「是的，因為....，我生氣了。生氣是為了讓自己的感受得到重視，是保護自己。對於我的生氣，我完全可以理解。」

比如大學生經常會在求職面試前很緊張。接納情緒是「我確實有些緊張，不過沒關係，我想我能理解它的出現，它讓我對這次面試重視起來，好好準備，以期達到良好的結果。但是我好像有點發抖，緊張得有點過了，我可以讓這種緊張感稍微弱一點，再弱一點。深呼吸，微笑……好極了！」而不接納則是，「我怎麼又緊張了？太糟糕了！怎麼一到關鍵時刻就緊張啊！這會讓我一會兒面試的時候語無倫次、手足無措的！這個工作機會對我來說很重要，要是面試失敗了，我的前途就沒有了！太可怕了！好吧，我不緊張，我不緊張……」不接納是在意識到情感、情緒的協調和適應並不恰當的時候，試圖對

情緒做出強力的修正。

三、問題解決導向

在充分理解情緒、悅納自我的基礎上，可以問自己，「是的，我生氣了，有這種情緒可以理解，但是我是否要繼續保持這種情緒？或者在這種情緒的驅使下做點什麼才對解決問題本身比較有利？我是人，是高級動物，無論做什麼都不能僅僅是單純地本能式發泄一下情緒而已。」這樣，將自己後續的行為往解決問題的方向上引導，或調整情緒類型，或調整情緒的強度，最終指向如何圓滿地解決問題。而問題的解決則會伴隨著情緒刺激源的消失，並帶來情緒的昇華———由生氣轉為解決問題後的滿足與愉悅。

因此，大學生要形成良好的情緒管理能力，自尊、自愛、自我悅納是前提，大學校園要開展健康向上、針對不同能力特點和個性特點的活動，幫助青年大學生在活動中、在交往實踐中獲得價值感和自我認同。切記各類活動中要注意肯定學生的多元智能，而非僅僅以傳統的智力或成績作為一切考核的標準，這樣學生才敢於、樂於展示自我，而這種外部的認同則會逐漸轉化為內部的自我認同——自我悅納。在自我悅納的前提之下，進一步強化問題解決的思維模式，能夠很好地化解大學生情緒問題的困境，並進一步促進大學生的自尊、自愛等積極品質的形成。

第四節 指向過程的情緒管理策略

在自我意識覺醒下，對自我情緒的狀態、產生的時間緊迫程度、情緒的強度、產生情緒的刺激源等有所識別後，則要啓動情緒管理的針對性策略。情緒管理的策略則是根據情緒的過程認知評估、身體反應、感受、面部表達和行動分別解析。

一、針對認知評估環節的情緒管理策略

針對認知評估環節的情緒管理策略的核心是改變認知。正如美國心理學家埃利斯所認為的，人的情緒不是由某一誘發性事件的本身所引起，而是由經歷了這一事件的人對這一事件的解釋和評價所引起的，這是情緒認知理論的基本觀點。同樣一件事，對不同的人，會引起不同的情緒體驗。例如對於大學生而言，同樣是考英語六級，結果是兩個人都沒過，但一個人無所謂，而另一個人

卻傷心欲絕。就是誘發事件與情緒、行為結果之間還有個對誘發事件的看法、解釋在起作用：一個同學可能認為，這次考試只是試一試，考不過也沒關係，下次可以再來；而另一個同學可能覺得這是背水一戰，不能失敗。因此不同的認知評估環節帶來不同的情緒體驗。

根據情緒認知理論分析日常生活中的一些具體情況，不難發現大學生的不合理觀念常常具有以下幾個特徵。

（1）完全曲解。言者無心，聽者有意，在本書引言中所提到的馬加爵殺人案中，馬加爵就是因為寢室同學打牌時的一句無心的玩笑話而誤以為是敵意和輕視，從而引發慘烈的悲劇。

（2）絕對化的要求。絕對化的要求是指大學生常常以自己的意願為出發點，認為某事物必定會怎麼發展，將主觀願望絕對化為「必須」「應該」或「一定要」等。例如，「我必須成功」「別人必須對我好」等。這種絕對化的要求之所以不合理，是因為每一客觀事物都有其自身的發展規律，不可能依個人的主觀意志為轉移。不管能力多麼突出的人，都不可能在每一件事情上獲得成功，事情不可能全部如願，周圍的人也不可能全部依照他的願望來說話或者行為。因此，如果大學生有這種固有的絕對化要求，一旦事物的發展與其絕對化要求相悖時，他就會感到難以接受和適應，從而極易陷入情緒困擾之中。

（3）以偏概全的不完全歸納。這是一種不合理思維方式的表現，大學生常常把「有的人」「有時候」「某些事」過分概括化為「所有人」「總是」「全部」等。這具體體現在大學生對自己或他人、事務的不合理評價上，典型特徵是以某個人的觀點或者某幾件事情來代替整體。例如，有些大學生失戀後就會認為所有人都不喜歡自己，自己一無是處，產生自卑情緒；有的大學生一次英語考試不及格後，就會認為自己沒有學習英語的天賦，不適合學英語，從此放棄英語學習。這種以偏概全的非理性認知方式如果指向自身，則會導致自卑、抑鬱等情緒；指向他人，會出現人際關係緊張甚至怨恨和敵對情緒。

（4）消極暗示，目光短視。這種非理性觀點認為如果一件不好的事情發生，後面的一切都會隨之變得非常可怕和糟糕。例如，「我沒考上大學，一切都完了」「我沒過英語四級，畢不了業，不會有前途了。」這種想法是非理性的，因為客觀而言任何一件事情的發生只代表這件事，即使是不好的事情的發生，只要「吃一塹，長一智」，也會「塞翁失馬，焉知非福」，重點是是否能從一次暫時的失敗或者失利中獲取成長的經驗教訓，獲得長足進步的養分。

因此，大學生在日常生活和工作中，當遭遇各種失敗和挫折時，要想避免情緒失調，就應多檢查一下是否存在一些「絕對化要求」「過分概括化」和

「消極暗示」等不合理想法，有則改之，無則加勉。

二、針對身體反應環節的情緒管理策略

是情緒帶來相應的身體反應還是身體反應引發相應的情緒？糾結於這個命題無異於討論雞生蛋還是蛋生雞的古老話題，而事實上，兩方面的研究和時間都有相應的支持：緊張情緒會帶來急促的呼吸，深呼吸能夠一定程度上緩解緊張情緒。例如對於如何緩解焦慮情緒，首先可以自我放鬆練習。在煩躁不安時，先讓自己坐下來，緊握拳頭，並繃緊胳膊，體驗上肢的緊張感覺，然後忽然把拳放開，體會手臂的沉重、無力、放鬆。反覆做幾次，身體的放鬆會帶動精神的放鬆。也可以進行有氧健身的體育運動，即指開展一些運動強度不算大、運動量適中、運動中心率不過快、運動後感微汗和舒適的運動項目，最常見的項目如快步走、慢跑、騎自行車、遊泳，以及打羽毛球、門球、練健身操、廣播操、太極拳、跳舞等運動。

三、針對面部表達的情緒管理策略

如果感到愉快，人們就會不由自主地微笑；如果感到緊張、焦慮，人們就會蹙眉；而生氣的時候，人們則會睜大眼睛。這是由情緒而產生的面部表達，即表情。面部表達並非由情緒單向衍生，它可以逆向反作用於情緒：當你不開心的時候，咧開嘴角笑一笑，心情會好很多；將眉頭舒展開來，緊張和焦慮也會隨之減輕。

四、針對行動的情緒管理策略

如果情緒引發的行為是正向的，對於解決問題有利的行為，則不需要進行行為的干預，因為這是人體複雜腦機制的自組織功能，也是人類力圖適應惡劣環境的本能。如果情緒引發的行為對於問題解決而言強度過大、方向不對或時間不對，則應該採取針對性的情緒管理策略。

（1）延遲反應。有了情緒，簡單粗暴毫無保留地宣洩是最直接的，但是也是最不可取的，因為對於解決問題本身於事無補，因此情緒管理的重要策略是學會延遲反應，即在情緒特別強烈的時候，要嘗試停下來，去換個環境，或者換個事情，讓自己冷靜平和下來，或者是深呼吸，或者從一數到十數數，然後再開口說話，自我暗示，比如「我有些生氣了，但我不能隨便發火，我要用自己的方式來放鬆自己。」延遲反應不是不允許情緒的產生，而是不允許破壞性行為的產生，在情緒到行動這兩個環節之間插入一個停頓、過渡和思考的

過程。

（2）社會支持系統。一個人的社會支持系統，指的是個人在自己的社會關係網路中所獲得的，來自他人的物質和精神上的幫助和支援。一個完備的支持系統包括親人、朋友、同學、同事、鄰里、老師、上下級、合作夥伴等，還包括由陌生人組成的各種社會服務機構。「社會支持系統」是個體健康生活的重要保障之一，當我們處於情緒低谷時，良好的社會支持系統可以提供傾訴的對象、實質的幫助和鼓勵的能量；當個體處於順境之中，社會支持系統同樣可以帶來分享的快樂和充實。

大學生的通識課程中，尤其是心理健康的相關通識課中，如果能教會大學生情緒管理的可操作性的策略，讓大學生在產生情緒後，能夠從自身的知識備用庫中提取相關策略，不斷嘗試使用、修正，最後形成適合於個人的個性化情緒管理策略，將大大降低大學校園中惡性衝突事件的發生率，也會降低大學生將來踏入社會後破壞性行為發生的概率。知識、技術只有配備在健康的身心上才是正能量，否則只能帶來災難和毀滅，這並非危言聳聽，而是未雨綢繆。人才培養是大學的第一功能，人才是否能夠進行良好地情緒管理、是否身心健康，不僅關係到他能否持續性發展，能否克服周圍干擾和自身雜念心無旁騖地精深發展，也關係到他是將成果運用服務於社會還是禍害社會。

第五節　自我意識覺醒悖論、愛的缺乏和健康中產家庭的優勢

以上情緒管理的相關策略中，筆者一再闡述了自我意識覺醒程度、自我悅納的重要性，然而通過以下質性研究的數個案例卻發現大學生情緒管理現狀中量化研究所未能涉及的方面及其深層次原因。

一、貧困生情緒管理的瓶頸——自我意識覺醒的悖論

Y同學來自貴州偏遠貧窮的山區，個子瘦小，是家裡的長子，但性格比較內向，不愛與人交往，處理問題的經驗嚴重不足。同住的三個室友均來自大城市，家庭經濟條件優越。儘管寢室的三位室友經常友善地提醒他與同學、老師相處之道，但還是不可避免地引起了這個農村孩子的自卑。

對於父母，覺得很難過。他們50多歲了，不容易，不識字，還要在家裡務農，不能出門打工，我的弟弟還在我們當地比較好的初中讀書，父母還要為

我們兄弟倆操勞。(Y 同學)

（我）有點內向，不喜歡跟陌生人打交道，確實實踐這塊太差勁了。(Y 同學)

寢室裡談一些對我比較有影響的話題，說一些比較刺激我的話，感覺有點自卑。我們寢室條件最好的是 D 同學，媽媽是處長，爸爸是公司的，有時候說到家裡怎麼怎麼好的時候，有點刺激我，我就一邊做自己的事情，感覺低人一等，站著都比別人低。(Y 同學)

由於父輩知識眼界的不足，農村傳統社會親子關係的互動不足，加之人生閱歷的現實局限，Y 同學在使用情緒管理策略的經驗累積方面幾乎為零。在這一點上，與 Y 同學同寢室的 D 同學，就處理得比較成熟。

有時候我經常想，老天爺我已經這樣了，你還害我不夠嗎？我感覺我有點神經病，有點犯傻。（笑）找不到抱怨的，只有抱怨老天爺。(Y 同學)

他（D 同學）實習的＊＊單位有些老職員覺得自己高人一等，看不起人（實習生），有一次 D 很客氣地和老職員說了話，但那個老職員頭都沒抬，不理人，他（D）也很火，但沒發作，他覺得跟這種沒素質的人計較不值得。

而如前文所分析，自我意識的覺醒程度即意味著已經建構的經驗圖式的激活，而是否被激活與情緒主體經驗圖式中可激活點的多少和激活閾限的高低相關：可激活點的多少與情緒主體已有體驗圖式的豐富程度相關，激活閾限與年齡階段、家庭背景、教育經歷、社交圈等相關。自我意識的覺醒對於家庭經濟條件優越的大學生而言，可能不成問題，他們有來自父輩成功闖蕩社會的間接經驗，有自身行萬里路和閱人無數的直接經驗，再加上優質教育資源的培養、朋輩圈子的思想交流和碰撞，他們對於社會、對於自身的意識自然覺醒程度很高。而這些對於一個家庭經濟困難的大學生而言，無疑是一個悖論——自我意識覺醒的悖論：由於身處相對困難的家庭，貧困學生試圖改變自身命運，他們努力學習知識，努力尋找兼職機會以減輕家庭負擔，因此他們與人交往的機會和時間相對較少，外出旅行開闊眼界增長見識的資金支持基本沒有，因此他們獲取外部信息的觸角無法向外有效延伸，年復一年日積月累後，家庭經濟困難學生的社會化程度和經驗圖式量相對有限，可被自我意識的激活點相對較少，激活閾限較高，自我意識的覺醒程度偏低。

家庭經濟困難的學生試圖通過自身努力打破階層固化、實現階層流通，卻始終在較長時間內無法克服自我意識覺醒的悖論，陷入情緒管理的瓶頸。

二、愛的缺乏

是否只要家庭經濟條件優越就一定能實現良好的情緒管理？答案是否定

的，家庭經濟條件的優越有助於自我意識覺醒程度的提高，是良好情緒管理能力的必要但非充分條件，愛則是情緒管理能力中影響自我悅納的關鍵因素。

自我悅納是情緒管理的重要前提。而要與自己友好平靜相處，有時比與其他人相處甚至更難，因為古希臘聖人說過「瞭解自己」是最難的事情，一個人最大的敵人是自己。一個真正悅納自己的人，一定處於充滿愛和安全感的環境中。本質性研究的另一個案例 H 學生，家庭條件比較寬裕，但是經歷了家庭結構的重大變動，父親過世，在單親家庭中成長。

H 學生非常聰明，做事效率極高，但是極度缺乏自控力和行動力，覺得做什麼都沒意義，許多課程不及格，又不報名補考或者重修，結果越積越多，壓力很大，想逃避。（F 老師）

由於見多識廣，H 同學聰明機靈，但同時經常曠課、多門課程不及格，有時說謊話，與同學交往很少，做事情一方面對自己有較高的期望，但同時行為上零付出，所獲極微，在高期望和低現實的強烈落差下，自卑、萎靡、避世。H 同學的現狀已經不僅僅是情緒管理的問題，而是上位到自我管理概念範疇了。情緒管理只是自我管理的一個分支，但所有與自我相關的心理範疇，都與超我與自我的和諧相處密切相關，與超我對自我的愛、尊重、理解、包容密切相關，與包括父母、親人、朋友、同學等周圍人和自己的愛的關係密切相關[1]。愛的缺乏，是很多情緒管理問題的根源，有了情緒後，他對這種情緒可能造成的未來對自己、對家人對同學的影響漠不關心，

有一次課外調研分組，我們看見 H 一個人孤零零地坐著，就熱心地邀請他加入我們小組，並約好在第二天早上 7：30 一起出發到目的地調研，他也答應。結果到了第二天早上，所有人都準時到達，只有 H 沒有到，等了一陣子後，我們給他打電話，結果他說他不去了，原因是他要睡覺。我們當時都無語了，以後有什麼也不會主動邀請他加入團隊了，生怕他關鍵時刻掉鏈子（筆者註：當地方言，沒有責任感當逃兵的意思）。（Q 同學）

而這種冷漠和由於冷漠所帶來的孤立讓他更難受，更想逃離這種現實的境地。

之後這位 H 同學從寢室搬出，以學習為由申請校外走讀，走讀半年後假期回家，跟母親商量休學。（F 老師）

這位 H 同學明顯有意志力、情緒管理方面的缺陷，恐懼、希望、夢想、現實、惰性、超越，他的人生在這個階段必須在一對對矛盾中掙扎並尋求破繭

---

[1] 此處的「愛」是廣義的愛，泛指一種友善、正向的關係。

後的重生，愛自己、愛身邊的人並獲得他們愛的回應，在安全的、包容的、充滿意義和愛的世界裡通向屬於自己的幸福有成的人生。

三、健康中產家庭的優勢

前面兩類案例，一類指向家庭經濟困難的大學生，在大學校園中，他們不是少數；一類指向家庭經濟不困難但缺乏愛的大學生，在社會轉型時期新媒體時代，這類學生的數量也比較客觀；校園裡還有一類學生，他們開朗陽光，積極參加各類社團，參與組織各種活動，學英語、考托福、考雅思、閱讀、旅行、交朋友、熱衷運動。如前文訪談中發現，家庭經濟困難的學生容易遭遇情緒管理的瓶頸，家庭背景良好但缺乏愛的大學生容易冷漠、逃避、萎靡，而這類家庭經濟條件一般但陽光有愛的大學生，則往往是情緒管理的能手。

J同學來自江浙，家庭背景一般，家庭氛圍民主，比較注重他的自立能力的培養。J同學跟同學相處融洽，是個熱心幫助同學的班長。

就我個人而言，大一參與學生組織比較多，比較累，有時候什麼都不想干，什麼都不想做，就把自己關在宿舍看電影或者聽音樂。通過這種方式暫時不要想這些煩心的事。當時也想不到更好的辦法。現在偏學習多一點，看到大家都去實習找工作了，自己悶在圖書館，有時候挺急的，會去跑跑步，一是對身體更好，而是排出廢氣，神清氣爽一些。高興的時候，會請同學吃飯，喝喝小酒什麼的。(J同學)

記憶中也沒有情緒處理得不好的時候，大一的時候很忙，抓狂，跟*老師學習了「打打牆」，盡量不把情緒發洩在活的東西上。有時候覺得情緒爆發挺好的，覺得老是靠理性壓抑自己，也不好。(J同學)

J同學能夠識別自己的情緒，找到引發這些情緒的刺激源，並摸索出適合自己的情緒管理策略，如轉移注意、適度發洩、運動舒緩等，也知道什麼樣的處理方式不合適，如對待身邊「活」的東西發洩可能會有傷害性。

一般來說，記憶中那種強度很大、很激怒我的事情不多；倒是一個事情沒來，另一個事情又來了這種情況，就會很煩躁，加上重慶天氣熱。然後像管理學課堂上老師講的，把手頭的事情按照緊急重要、緊急不重要、重要不緊急、不重要不緊急四個象限根據分類，按照順序一件一件處理，就不那麼焦慮了。這個方法比較好用。(J同學)

J同學的學習是真正意義上的學習，他把很多同學認為很枯燥無聊的課堂知識運用到日常生活的情緒管理中，善於遷移，舉一反三，觸類旁通。他的體驗圖式容量的增加就會比較有效率。而事實上書籍閱讀、課堂學習、交流討論

等都是間接經驗學習的有效途徑，這種經驗的獲得雖然不如直接經驗來得直接和深刻，有時甚至不能被即時消化，但是速度快、容量大，可供後續情緒管理提取策略，在運用實踐中不斷被理解和深化。

J同學的自我意識覺醒程度比較高，他關注自己的發展軌跡。

我大一剛進大學的時候，沒有特別表現自己，爭取什麼。當時安排選出臨時負責人，選了我，我慢慢地就覺得自己收到暗示，要擔當、要負責、要承擔。有時會想，如果當時（我）沒有被（老師）選出來（做班級臨時負責人），可能就會走另外一條道路。高中的時候也有過類似的經歷，（被委以重任後）各方面要作出一個模範出來。很多時候是得到長輩的暗示，同輩的暗示少一點。身邊的人都是偏理智一點，可能自己比較偏理智，所以身邊的朋友圈子也比較偏理智。我們這個群體比較理智。（J同學）

J同學作為班級負責人，他的視野不僅關注自身的情緒管理，也關心身邊同學的情緒問題，尤其是家庭經濟困難同學的情緒問題。由此可見，在大學校園中，貧困生這個群體的情緒管理問題應該受到特別的重視。

有時候會遇到有些同學，特別是女生，她們會談論去什麼餐廳吃飯，什麼時間換手機等，有時候家境不好的同學聽了會呆若木雞，眼睛中有些暗傷。據我觀察，班上同學比較偏理性，不太會直接表達自己的情緒，感覺有時候有些自卑，過多地壓抑不好，要有適度的宣洩口子，只要能抒發出來就好。（J同學）

家庭經濟比較好的（同學）也會有問題。他們把自己看得更高。有時候，其實他們家庭沒那麼好，但是又有點死要面子，故意表現出家裡比較好。家庭條件差點不是壞事，會讓他們比較謙虛，學得比較快。但也會有兩種極端，有的特別堅強，有的就特別萎靡，覺得沒有什麼盼頭。（J同學）

因此，在大學校園的學生事務管理中，要重點關注家庭經濟困難的學生和沉默寡言、高冷、少愛的學生的心理健康，要肯定他們，愛護他們，鼓勵他們肯定自己、欣賞自己、悅納自己，教會他們情緒管理的策略。情緒管理能力的提升對於他們個人在校期間的積極開朗和將來進入社會後的幸福進取都是非常有必要的；而對於整個社會而言，這也將更加有利於社會階層的流通，讓每一個奮鬥著、努力著的年輕人都能感受到理想的召喚和前程的美好。

最後，在本研究進行的過程中，由於人力、物力、時間等因素的限制，對於大學生情緒管理能力對心理健康的影響研究，研究者僅僅選擇了西南地區重慶市的幾所大學作為質性研究的個案。如果後續研究能以此正式問卷在全國範圍內不同類型的高校中進行大樣本的抽樣調查，用樣本特性估計總體特性，進

一步完善情緒管理能力對大學生心理健康的影響機制則更為理想。

　　正如波普爾所言，一個結論在沒有被證偽之前可以被接受，但只是被暫時接受，暫時被證實。任何研究或對真理的探尋過程都應該保持這樣一種開放的姿態，本研究亦不例外。因此筆者也將繼續追蹤大學生情緒管理與心理健康的新動向，保持研究的開放性，在發展中驗證、補充或者更新本研究已有的研究結論。

參考文獻

中文參考文獻

[1] 高承海，王麗君，萬明鋼.少數民族大學生的宗教認同與心理健康的關係 [J].民族教育研究，2012，01：36-42.

[2] 莫書亮，孫葵，周宗奎.老年人日常人際問題解決中的悲傷情緒體驗和情緒調節策略：年齡和人格特質的作用 [J].心理科學，2012，01：111-116.

[3] 程振凱.手機媒體對大學生心理健康影響的正外部性研究 [J].河南師範大學學報（哲學社會科學版），2012，02：259-261.

[4] 周靜.高校大學生情緒管理調查研究 [J].教育理論與實踐，2012，09：48-50.

[5] 黃時華，劉佩玲，張衛，梁尚清.情緒調節自我效能感量表在初中生應用中的信效度分析 [J].中國臨床心理學雜志，2012，02：158-161.

[6] 蔡琳，鐘明潔，朱熊兆，唐秋萍，王芹，王海星，張逸.抑鬱性障礙患者的症狀表現與認知情緒調節方式的關係 [J].中國臨床心理學雜志，2012，02：176-178.

[7] 羅崢，付俊杰，熊慶秋，張騰月.情緒調節策略對日常生活事件與情緒體驗關係影響的多層分析 [J].心理科學，2012，02：481-486.

[8] 張建英.單親貧困大學生心理健康問題調查分析——以安徽省不同區域5所大學為例 [J].中國特殊教育，2012，04：80-84.

[9] 張立松，王娟，何侃，李中權.聽障大學生情緒調節特點及其對人際關係的影響 [J].中國特殊教育，2012，04：49-53.

[10] 辛自強，張梅，何琳.大學生心理健康變遷的橫斷歷史研究 [J].心理學報，2012，05：664-679.

[11] 田學英，盧家楣.外傾個體何以有更多正性情緒體驗：情緒調節自

我效能感的仲介作用［J］.心理科學，2012，03：631-635.

［12］馬向真，王章瑩.論情緒管理的概念界定［J］.東南大學學報（哲學社會科學版），2012，04：58-127.

［13］馬偉娜，朱蓓蓓.自動情緒調節策略對焦慮個體負性情緒的作用［J］.中國臨床心理學雜志，2012，04：510-513.

［14］章光輝，梁衛，王成科.集體項目運動員情緒管理能力與體育道德行為［J］.武漢體育學院學報，2012，07：76-80.

［15］李玲豔，朱熊兆.抑制與壓抑——兩種不同的情緒調節策略［J］.中國臨床心理學雜志，2012，05：723-726.

［16］劉小青，蔣常香.體驗式教學在大學生心理健康課程中的應用研究——以《新生心理輔導》課程為例［J］.教育理論與實踐，2012，30：62-64.

［17］趙簡，孫健敏，張西超.情緒調節策略對工作家庭關係的影響：情緒的仲介作用［J］.中國臨床心理學雜志，2012，06：861-864.

［18］鄧林園，張錦濤，方曉義，劉勤學，湯海豔，蘭菁.父母衝突與青少年網路成癮的關係：衝突評價和情緒管理的仲介作用［J］.心理發展與教育，2012，05：539-544.

［19］常彥君.體育專業大學生社會支持、應對方式和就業壓力對心理健康的影響［J］.北京體育大學學報，2012，11：102-106.

［20］張文海，盧家楣.情緒調節的理論觀點、相關模型及其展望［J］.心理科學，2012，06：1474-1477.

［21］石祥.大學生心理健康管理體系構建初探［J］.江蘇高教，2013，01：142-143.

［22］王玉潔，竇凱，劉毅.情緒調節自我效能感量表的修訂［J］.廣州大學學報（社會科學版），2013，01：45-50.

［23］竇凱，聶衍剛，王玉潔，劉毅，黎建斌.青少年情緒調節自我效能感與主觀幸福感：情緒調節方式的仲介作用［J］.心理科學，2013，01：139-144.

［24］劉雲，趙振國.隔代教養對學前兒童情緒調節策略的影響［J］.學前教育研究，2013，02：37-42.

［25］孫淑榮，張百軍，孫淑華，佟秀蓮，吳會東，靳福利.大學生生活事件、應對方式與心理健康的相關研究［J］.山西財經大學學報，2013，S1：147-148.

［26］楊麗珠，李曉溪，高雯.應對計劃對女大學生減肥效果的影響：情

緒調節和理想體型有調節的仲介作用［J］．心理發展與教育，2013，03：319-326.

［27］王玲鳳．幼兒情緒調節與「冷」「熱」抑制控制的發展特點［J］．學前教育研究，2013，03：56-62.

［28］趙鑫，金戈，周仁來．什麼樣人更善於情緒調節？——情緒調節的個體差異研究［J］．中國臨床心理學雜志，2013，03：518-522.

［29］周春燕，郭永玉．家庭社會階層對大學生心理健康的影響：公正世界信念的仲介作用［J］．中國臨床心理學雜志，2013，04：636-640.

［30］張晶，劉珂，趙鑫．自動情緒調節是可操縱的嗎？——對測量方法的述評［J］．心理科學進展，2013，09：1554-1559.

［31］黃會欣，李銀玲，張鋒，李偉強．母親元情緒理念與兒童情緒調節能力發展的關係：母親情緒調節的仲介作用［J］．應用心理學，2013，02：126-135.

［32］張曉波，遲立忠．情緒調節與自控能力對足球運動員決策的影響［J］．北京體育大學學報，2013，08：83-88.

［33］施春華，林曉嬌．兒童期創傷經歷、人格特徵與大學生心理健康的相關研究［J］．中國臨床心理學雜志，2009，01：87-89.

［34］方新，錢銘怡，羅珊紅，訾非．大學生完美主義與父母養育方式、心理健康的關係［J］．中國心理衛生雜志，2009，01：56-59.

［35］趙玉蘭．7~14歲弱智學生情緒調節策略特徵的調查研究［J］．中國特殊教育，2009，02：21-28.

［36］盧敏，殷恒嬋，薛紅．情緒在運動影響大學生心理健康中的仲介效應［J］．上海體育學院學報，2009，01：51-55.

［37］張棣，馮永麗，孫玲玲，張秀麗．不同類型健康體育課程干預模式對大學生心理健康的影響［J］．天津體育學院學報，2009，02：116-119.

［38］鄧麗芳．大學生的精神壓力與心理健康關係的實證分析［J］．國家教育行政學院學報，2009，03：39-43.

［39］陸芳，陳國鵬．幼兒情緒調節策略與氣質的相關研究［J］．心理科學，2009，02：417-419.

［40］劉志軍，劉旭，冼麗清．初中生情緒調節策略與問題行為的關係［J］．中國臨床心理學雜志，2009，02：210-212.

［41］周暉，王進．大學生體育活動和網路遊戲的流暢體驗與心理健康的關係［J］．中國體育科技，2009，03：87-93.

[42] 施章清，應賢慧，葉科.大學生被接納感與心理健康：自尊的仲介功能 [J].心理科學，2009，02：432-458.

[43] 付婉秋，劉文，孔繁勝.閱讀療法對大學生心理健康影響的實驗研究 [J].圖書情報工作，2009，01：69-72.

[44] 程利，袁加錦，何媛媛，李紅.情緒調節策略：認知重評優於表達抑制 [J].心理科學進展，2009，04：730-735.

[45] 樊召鋒，俞國良.自動情緒調節：基於社會文化與神經科學的考量 [J].心理科學進展，2009，04：722-729.

[46] 羅伏生，沈丹，張珊明，王小鳳，袁紅梅，李志強.貧困大學生心理健康狀況及其影響因素研究 [J].中國臨床心理學雜志，2009，03：272-274.

[47] 黃豔蘋，李玲.用症狀自評量表（SCL-90）評估中國大學生心理健康狀況的 Meta 分析 [J].中國心理衛生雜志，2009，05：366-371.

[48] 操太聖.學校變革中的情緒管理：校長的新挑戰 [J].教育發展研究，2009，10：13-17.

[49] 李東蕾.師範大學生體育鍛煉現狀及對心理健康的影響 [J].武漢體育學院學報，2009，06：55-59.

[50] 蔣長好，石長地.兒童情緒調節的發展及其影響因素 [J].首都師範大學學報（社會科學版），2009，04：129-133.

[51] 陳紅敏，趙雷，劉立新.大學生負性生活事件與心理健康關係探討 [J].中國青年研究，2009，07：92-95.

[52] 姜麗萍，吳殷.上海市大學生生活方式與心理健康關係研究 [J].天津體育學院學報，2009，04：366-368.

[53] 孫福兵.關於大學生心理健康課程教學的幾點思考 [J].教育理論與實踐，2009，24：46-48.

[54] 劉俊升，桑標.情緒調節內隱態度對個體情緒調節的影響 [J].心理科學，2009，03：571-574.

[55] 文書鋒，湯冬玲，俞國良.情緒調節自我效能感的應用研究 [J].心理科學，2009，03：666-668.

[56] 姜媛，沈德立，白學軍.情緒、情緒調節策略與情緒材料記憶的關係 [J].心理發展與教育，2009，04：75-80.

[57] 程科，黃希庭.健全人格取向的大學生心理健康結構初探 [J].心理科學，2009，03：514-520.

[58] 尹劍春，柏建清.情緒調節體育教學模式對初中女生身體自我概念、狀態焦慮的影響 [J].體育學刊，2009，09：78-82.

[59] 馮永輝，楊娟，宋燦.大學生社會支持、人格與心理健康的關係研究 [J].湖南師範大學教育科學學報，2009，05：118-120.

[60] 鐘志賢，邱娟.論遠程學習者的情緒管理 [J].遠程教育雜志，2009，05：58-63.

[61] 肖晶，黃任之，凌宇，劉忠泉，朱熊兆，姚樹橋.高中生認知性情緒調節策略的性別差異 [J].中國心理衛生雜志，2009，09：670-676.

[62] 姜媛，白學軍，沈德立.中小學生情緒調節策略與生理反應的關係 [J].心理與行為研究，2009，03：188-192.

[63] 任新紅.大學生心理健康主影響因素及應對措施 [J].理論與改革，2009，05：106-109.

[64] 馬建青，王東莉.大學生心理健康普查和建檔工作的理性思考 [J].應用心理學，2009，01：78-83.

[65] 雒力靜，朱屹，李春報，何隨富.海南省大學生心理健康狀況調查 [J].心理科學，2009，05：1265-1266.

[66] 姜媛，白學軍，沈德立.中小學生情緒調節策略與記憶的關係 [J].心理科學，2009，06：1282-1286.

[67] 鄭楊婧，方平.中學生情緒調節與同伴關係 [J].首都師範大學學報（社會科學版），2009，S4：99-104.

[68] 程曉玲，魯麗娟.大學生心理健康狀況分析與研究 [J].天津師範大學學報（社會科學版），2011，01：76-80.

[69] 負麗萍.貧困大學生心理健康狀況分析及干預模式研究——以長安大學為例 [J].理論導刊，2011，02：98-102.

[70] 田麗麗，梁倩茗，周文靜，王瑤.高中生情緒調節困難與心理健康的關係：學校幸福感的仲介作用 [J].中國特殊教育，2011，03：57-61.

[71] 李璇，侯志瑾，黃敏兒.社交焦慮大學生元情緒評價、情緒調節方式的探索及指導 [J].中國臨床心理學雜志，2011，02：231-233.

[72] 周琿，趙璇，董光恒，彭潤雨.情緒狀態及認知情緒調節策略與大學生網路遊戲成癮的關係 [J].中國臨床心理學雜志，2011，02：215-217.

[73] 吳宇駒，劉毅，凌文輇，路紅.基於情緒調節模型的教師情緒勞動的仲介效應探討 [J].心理發展與教育，2011，03：304-312.

[74] 楊陽，張欽，劉旋.積極情緒調節的ERP研究 [J].心理科學，

2011, 02: 306-311.

[75] 熊明生, 郭煦澄, 周宗奎. 鍛煉行為、經歷、意願對大學生心理健康的影響 [J]. 武漢體育學院學報, 2011, 03: 48-51.

[76] 羅平, 畢月花, 汪念念. 藏族大學生的社會文化適應與心理健康 [J]. 中國心理衛生雜誌, 2011, 04: 312-313.

[77] 金芳, 張珊珊, 門淑雲. 藝術類大學生情緒調節策略特點及其與人格、自動思維關係研究 [J]. 中國特殊教育, 2011, 05: 85-90.

[78] 黃希庭, 鄭湧, 羅鳴春, 蘇丹, 陳本友. 中國大學生心理健康服務需要調查與評估 [J]. 西南大學學報（社會科學版）, 2011, 03: 1-198.

[79] 顧大成. 大學生心理健康的生活方式促進路徑研究 [J]. 山東體育學院學報, 2011, 04: 49-53.

[80] 張佳佳, 李敏, 彭李, 韓愛華, 廖文君. 大學生心理彈性與人格特徵、情緒調節方式及中性情緒面孔知覺的關係 [J]. 中國臨床心理學雜誌, 2011, 03: 347-349.

[81] 曾盼盼, 林崇德, 劉力, 李遠紅. 大學生經濟信心和心理健康的關係：生涯自我效能感的仲介作用 [J]. 心理與行為研究, 2011, 02: 93-139.

[82] 成雲. 貧困大學生的社會支持與心理健康關係研究 [J]. 重慶大學學報（社會科學版）, 2011, 04: 169-172.

[83] 王振宏, 呂薇, 杜娟, 王克靜. 大學生積極情緒與心理健康的關係：個人資源的仲介效應 [J]. 中國心理衛生雜誌, 2011, 07: 521-527.

[84] 張欽, 王岩, 羅崢, 陳靜. 記憶活動中情緒調節的效果和認知神經機制 [J]. 心理科學進展, 2011, 09: 1259-1266.

[85] 陳永進, 任文華, 黃平. 心理暴力對大學生心理健康的影響——以重慶市為例 [J]. 中國特殊教育, 2011, 08: 81-85.

[86] 張文海, 盧家楣, 張慶. 青少年氣質對其情緒調節的影響：教師情感能力的作用 [J]. 心理科學, 2011, 04: 834-838.

[87] 徐岩. 父母關愛行為與兒童社會退縮行為——以兒童個體情緒調節為仲介的實證研究 [J]. 南京農業大學學報（社會科學版）, 2011, 03: 95-102.

[88] 王建中. 大學生人格特徵與心理健康關係的實證研究 [J]. 北京交通大學學報（社會科學版）, 2011, 04: 96-100.

[89] 馬偉娜, 桑標. 焦慮、抑鬱青少年的情緒調節內隱態度 [J]. 華東師範大學學報（教育科學版）, 2011, 03: 55-61.

[90] 鄧欣媚，桑標.青少年日常情緒調節問卷的編製［J］.心理與行為研究，2011，03：168-175.

[91] 王全軍.拓展訓練教學對大學生心理健康和班級凝聚力促進效應的實證研究［J］.武漢體育學院學報，2011，08：49-53.

[92] 譚恩達，鄒穎敏，何家俊，黃敏兒.共情與主觀幸福感：情緒調節的仲介作用［J］.中國臨床心理學雜志，2011，05：672-674.

[93] 朱宇，江汶聰.碩士生就業壓力源、人格、情緒調節策略與負性情緒的關係［J］.心理學探新，2011，05：445-449.

[94] 劉啟剛.青少年情緒調節策略的結構與測量［J］.心理學探新，2011，05：459-462.

[95] Toni Falbo，陶豔蘭.獨生子女大學生的心理健康和人際關係——兼對獨生子女「刻板印象」的討論［J］.廣西民族大學學報（哲學社會科學版），2011，05：10-14.

[96] 姚玉紅，劉亮，趙旭東.不同性別低年級大學生的自我分化與心理健康：自尊的調節作用［J］.中國心理衛生雜志，2011，11：856-861.

[97] 劉啟剛，周立秋，梅松麗.自我效能感對青少年情緒調節的影響機制［J］.中國特殊教育，2011，12：82-86.

[98] 劉俊升，桑標.情緒調節內隱和外顯態度在青少年階段的發展特點［J］.心理科學，2011，05：1095-1100.

[99] 劉方琳，溫紅博，張雲運，董奇.父母教養方式對子女焦慮的影響：認知情緒調節策略與男性化特質的仲介作用［J］.心理科學，2011，06：1390-1396.

[100] 彭義升，方平，姜媛.情緒調節腦機制的研究現狀與展望［J］.心理科學，2011，06：1325-1331.

[101] 鄧欣媚，王瑞安，桑標.情緒調節的發展及其與情緒體驗、情緒能力、情緒調節態度的關係［J］.心理科學，2011，06：1345-1352.

[102] 萬瑜.「健身氣功‧八段錦」練習對大學生心理健康的影響［J］.北京體育大學學報，2011，12：102-111.

[103] 李中權，王力，張厚粲，柳恒超.人格特質與主觀幸福感：情緒調節的仲介作用［J］.心理科學，2010，01：165-167.

[104] 羅伏生，王小鳳，張珊明，沈丹.青少年情緒調節認知策略的特徵研究［J］.中國臨床心理學雜志，2010，01：90-96.

[105] 李會增，於楠.學校體育對大學生心理健康的積極影響［J］.天津

大學學報（社會科學版），2010，01：67-70.

[106] 楊玲梅.大學生讀者對圖書館心理健康資源需求的調查分析——以華南農業大學圖書館為例 [J].圖書館建設，2010，02：59-62.

[107] 湯冬玲，董妍，俞國良，文書鋒.情緒調節自我效能感：一個新的研究主題 [J].心理科學進展，2010，04：598-604.

[108] 蒲清平，高微，王會麗，徐爽.貧困大學生心理健康實證研究 [J].重慶大學學報（社會科學版），2010，01：158-162.

[109] 盧勤.大學生性別角色與心理健康的相關研究 [J].西南民族大學學報（人文社科版），2010，04：276-280.

[110] 劉海燕，寧淑芬.情緒管理課程與大學生情緒困擾的疏導 [J].河北大學學報（哲學社會科學版），2010，02：109-113.

[111] 殷俊益，於玥.大學生生活方式與心理健康的相關研究 [J].中國體育科技，2010，03：128-133.

[112] 盧勤.心理健康課程對大學生心理素質影響實證研究 [J].現代教育管理，2010，05：114-117.

[113] 程紅玲，陳維政.情緒調節對工作倦怠的影響作用分析 [J].心理科學進展，2010，06：971-979.

[114] 夏宇欣，周仁來.認知情緒調節策略在職業人群失眠與負性心境間的仲介作用 [J].中國臨床心理學雜志，2010，03：353-356.

[115] 苟萍，盧勤.少數民族大學生心理健康狀況調查與分析 [J].中華文化論壇，2010，02：144-148.

[116] 何瑾，樊富珉.團體輔導提高貧困大學生心理健康水平的效果研究——基於積極心理學的理論 [J].中國臨床心理學雜志，2010，03：397-402.

[117] 邵景進，張大均，王金良，冀巧玲.小學語文教學中改善學生情緒調節困難狀況的實驗研究 [J].心理發展與教育，2010，04：390-394.

[118] 焦彬，陸靜文，楊思，陳衝，劉鐵橋.應激性生活事件、認知情緒調節、抑鬱與自殺意念關係的結構方程模型 [J].中國臨床心理學雜志，2010，04：480-482.

[119] 黃徐姝，羅躍嘉.情緒調節方法的分類和效果 [J].中國臨床心理學雜志，2010，04：526-529.

[120] 陳桃林，羅躍嘉.基因多態性對情緒調節神經回路的影響 [J].心理科學進展，2010，09：1440-1448.

[121] 馬偉娜，桑標.自動化情緒調節及其神經基礎的研究概述 [J].心

理科學，2010，04：904-906.

[122] 羅鳴春，黃希庭，嚴進洪，付豔芬，尹可麗. 中國少數民族大學生心理健康狀況的元分析 [J]. 心理科學，2010，04：779-784.

[123] 張晶，周仁來. 額EEG偏側化：情緒調節能力的指標 [J]. 心理科學進展，2010，11：1679-1683.

[124] 張萍，張敏，盧家楣. 情緒調節自我效能感量表在中國大學生中的試用結果分析 [J]. 中國臨床心理學雜志，2010，05：568-570.

[125] 王美芳，邢曉沛，賈慧，賀小瑞. 大學生兒時受父母體罰經歷與心理健康的關係 [J]. 中國臨床心理學雜志，2010，05：648-650.

[126] 王振宏，王永，王克靜，呂薇. 積極情緒對大學生心理健康的促進作用 [J]. 中國心理衛生雜志，2010，09：716-717.

[127] 車麗萍，龐連生，黃大偉，趙紫鳳. 大學生心理健康與自信人格的關係研究 [J]. 西南大學學報（社會科學版），2010，06：20-24.

[128] 馬偉娜，姚雨佳，桑標. 認知重評和表達抑制兩種情緒調節策略及其神經基礎 [J]. 華東師範大學學報（教育科學版），2010，04：50-70.

[129] 鐘建安，雷虹. 情緒調節對工作記憶的影響 [J]. 應用心理學，2010，02：160-166.

[130] 李強，李凌. 用社會行銷理念推動大學生心理健康服務發展的可行性初探 [J]. 中國心理衛生雜志，2014，12：886-890.

[131] 婁熠雪，蔡阿燕，楊潔敏，袁加錦. 內-外傾人格對情緒調節的影響及神經機制 [J]. 心理科學進展，2014，12：1855-1866.

[132] 趙鑫，張雅麗，陳玲，周仁來. 人格特質對青少年社交焦慮的影響：情緒調節方式的仲介作用 [J]. 中國臨床心理學雜志，2014，06：1057-1061.

[133] 王國芳，韓鵬，楊曉輝. 監獄警察角色壓力和消極情緒調節期待對工作投入的影響：前攝應對的仲介作用 [J]. 中國臨床心理學雜志，2014，06：1095-1098.

[134] 王國芳，楊曉輝，Mearns Jack. 消極情緒調節期待量表中文版測評大學生樣本的效度和信度 [J]. 中國心理衛生雜志，2014，11：875-880.

[135] 劉成斌，王舒厵. 留守經歷與農二代大學生的心理健康 [J]. 青年研究，2014，05：23-95.

[136] 杜吟，殷恒嬋，馬強，黃凱，傅雪林，王暢，崔蕾. 運動與非運動情境內隱情緒調節策略測量工具的研製與檢驗 [J]. 體育科學，2014，12：44

-53.

[137] 張萍, 汪海彬. 大學生情緒調節自我效能感在神經質、外傾性和主觀幸福感間的仲介作用 [J]. 中國心理衛生雜誌, 2015, 02: 139-144.

[138] 黃潔, 張慧勇, 商士杰. 心理彈性對大學生心理應激與心理健康關係的仲介作用 [J]. 心理與行為研究, 2014, 06: 813-818.

[139] 鐘佑潔, 李豔華, 張進輔. 社會信息加工在兒童情緒調節與攻擊行為間的仲介效應檢驗 [J]. 中國臨床心理學雜誌, 2015, 01: 108-114.

[140] 趙鑫, 張冰人, 張鵬, 潘亮, 周仁來. 斯坦福情緒調節量表在中國中學生中的信、效度檢驗 [J]. 中國臨床心理學雜誌, 2015, 01: 22-107.

[141] 葉寶娟, 鄭清, 蔡蓓. 情緒調節策略對壓力性生活事件與工讀生病理性網路使用關係的調節作用 [J]. 中國臨床心理學雜誌, 2015, 01: 80-83.

[142] 黃時華, 蔡楓霞, 劉佩玲, 張衛, 龔文進. 初中生親子關係和學校適應: 情緒調節自我效能感的仲介作用 [J]. 中國臨床心理學雜誌, 2015, 01: 171-177.

[143] 桑標, 鄧欣媚. 中國青少年情緒調節的發展特點 [J]. 心理發展與教育, 2015, 01: 37-43.

[144] 王佳慧, 劉愛書. 大學生情緒調節自我效能感在虐待與抑鬱間的仲介作用 [J]. 中國心理衛生雜誌, 2015, 04: 305-310.

[145] 夏凌翔, 高昕, 夏欣. 人際自立特質對大學生情緒調節策略作用的縱向研究 [J]. 心理科學, 2015, 01: 116-122.

[146] 張晶, 周仁來, 李永娜, 韋慶旺, 胡平, 劉珂. 自動情緒調節的神經機制及其可塑性 [J]. 心理科學進展, 2014, 01: 9-13.

[147] 王琦, 俞國良, 董妍, 周浩. 無聊傾向與主觀幸福感: 情緒調節效能感的作用 [J]. 心理與行為研究, 2014, 01: 102-106.

[148] 邱芬, 崔德剛, 劉同員, 楊劍. 女大學生的印象管理與鍛煉行為和心理健康的關係 [J]. 武漢體育學院學報, 2014, 02: 87-92.

[149] 趙鑫, 裴瑞雪, 付麗, 陳玲, 周仁來. 高、低社交焦慮青少年情緒調節策略使用比較 [J]. 中國臨床心理學雜誌, 2014, 01: 149-154.

[150] 戴必兵, 彭義升, 李娟. 老年人抑鬱症狀與情緒調節策略的橫斷面研究 [J]. 中國心理衛生雜誌, 2014, 03: 192-196.

[151] 顧壽全, 奚曉嵐, 程竈火, 吳正國, 王國強. 大學生大五人格與心理健康的關係 [J]. 中國臨床心理學雜誌, 2014, 02: 354-356.

[152] 陳小異, 李明蔚. 大學生主觀幸福感與心理健康研究 [J]. 重慶大

學學報（社會科學版），2014，03：178-183.

[153] 吳國來，鐘瓊瑤，陳韓清.父親忽視與青少年自我同一性的關係：情緒調節的仲介效應［J］.心理與行為研究，2014，03：333-338.

[154] 凌宇，彭君，鐘明天，蟻金瑤.應激與認知情緒調節策略對大學生抑鬱症狀的預測研究［J］.中國臨床心理學雜志，2014，03：417-507.

[155] 賴雪芬，王艷輝，王媛媛，張衛，楊慶平.父母控制與青少年網路成癮：情緒調節的仲介作用［J］.中國臨床心理學雜志，2014，03：437-441.

[156] 李彩娜，黨健寧，王彩雲.大學生情緒適應及其與依戀、情緒調節的關係［J］.中國心理衛生雜志，2014，09：708-712.

[157] 王佳慧，劉愛書.兒童期虐待對大學生情緒調節自我效能感的影響［J］.心理科學，2014，04：888-893.

[158] 趙鑫，史娜，張雅麗，陳玲，周仁來.人格特質對社會適應不良的影響：情緒調節效能感的仲介作用［J］.中國特殊教育，2014，08：86-92.

[159] 趙鑫，張潤竹，周仁來.青少年情緒調節的發展規律及影響因素［J］.中國臨床心理學雜志，2014，04：713-717.

[160] 肖慧琳，李衛鋒.高管決策的情緒調節機制：基於準實驗現場的研究［J］.管理科學學報，2014，10：60-69.

[161] 馮維，吳曉雷.中國近年來大學生心理健康教育研究成果與問題探討［J］.重慶職業技術學院學報，2005（4）.

[162] 余曉波，方豔霞.大學生心理健康研究進展［J］.實用預防醫學，2005（3）：723-725.

[163] 宋德如.大學生心理健康研究［J］.中國校醫，2001，15（2）：151-153.

[164] 陳建文，王滔.大學生自尊、自我統合與心理健康關係的初步研究［J］.中國臨床心理學雜志，2004（2）：53-54.

[165] 陳燦，秦竹，許秀峰.雲南貧困醫學生心理控制感及其相關因素的研究［J］.健康心理學雜志，2003（5）：70-71.

[166] 陳文莉.大學生心理健康與生活事件關係研究［J］.健康心理學雜志，1999（2）：236-238.

[167] 劉榮花.健美操與女大學生心理健康的培養［J］.中國健康教育，2005，3.

[168] 王謠.小組輔導提高大學生人際交往水平的實驗研究［J］.心理科學，2004（5）.

［169］魏純鐳，馬申. 浙江省1,000名在校大學生心理健康水平問卷調查［J］. 中國臨床康復，2005（6）.

［170］張進輔，徐小燕. 大學生情緒智力特徵的研究［J］. 心理科學，2004（2）.

［171］王大華，申繼亮，Alexandra Brandy. 防禦機制的年齡性別和文化差異［J］. 心理科學，1998，21（2）：131-135.

［172］張建衛，劉玉新，金盛華. 大學生壓力與應對方式特點的實證研究［J］. 北京理工大學學報（社會科學版），2003，5（1）：7-11.

［173］鄧永明. 太極拳運動對大學生心理健康影響作用的研究［J］. 現代康復，2001，5（10）：134.

［174］李慧民. 社會支持與大學生心理健康及人格特徵的關係［J］. 中國學校衛生，2004，25（3）：263-264.

［175］唐洪，張梅玲，施建農. 社會認知因素對兒童有關損人者情緒歸因的影響［J］. 心理學動態，2001（2）：141-145.

［176］王景芝，魏真. 成就歸因與學生心理健康的相關分析［J］. 河北師範大學學報（教育科學版），1998（3）：52-54.

［177］劉建榕，劉金花. 初中生心理健康與氣質、父母教養方式的關係［J］. 心理科學，2000（6）：659-765.

［178］盧家楣. 情緒發生的心理機制及其對教育的啓發［J］. 教育研究，1995（1）.

［179］郭德俊，趙麗琴. 情緒智力探析［J］. 首都師範大學學報（社科版），1998（1）：123-127.

［180］何小蕾. 情緒智力問卷的開發及其應用研究［D］. 上海：華東師範大學，2004.

［181］楊靜. 大學生應對能力問卷的編製與實測［D］. 重慶：西南大學，2005.

［182］趙建國. 情感智商與成才［M］. 北京：北京科學技術出版社，2003.

［183］魏源. 大學生學習自我效能感的測量與干預研究［J］. 心理科學，2004（7）.

［184］Michelle N. Shiota，James W. Kalat. 情緒心理學［M］. 周仁來，譯. 北京：中國輕工業出版社，2015.

［185］詹姆斯·羅格斯. 情緒調節手冊［M］. 桑標，馬維娜，鄧欣媚，等，譯. 上海：上海人民出版社，2011.

［186］喬建中. 情緒研究：理論與方法［M］. 南京：南京師範大學出版社, 2003.

［187］張文彤. SPSS11.0 統計分析教程（高級篇）［M］. 北京：北京希望電子出版社, 2002.

［188］戴海崎, 張鋒, 陳雪楓. 心理與教育測量［M］. 廣州：暨南大學出版社, 1999.

［189］汪向東, 等. 心理衛生評定量表手冊（增訂版）［M］. 北京：中國心理衛生雜志社, 1999.

［190］張厚粲. 心理與教育統計學［M］. 北京：北京師範大學出版社, 1993.

［191］黃希庭. 心理學導論［M］. 北京：人民教育出版社, 1991.

［192］李伯黍, 燕國材. 教育心理學［M］. 2 版. 上海：華東師範大學出版社, 2001.

［193］韋納. 動機和情緒的歸因理論［M］. 林鐘敏, 譯. 福州：福建教育出版社, 1989.

［194］盧家楣. 情感教學心理學［M］. 上海：上海教育出版社, 2000.

［195］章志光, 金盛華. 社會心理學［M］. 北京：人民教育出版社, 1996.

［196］顧海根. 學校心理測量學［M］. 廣西教育出版社, 1999.

［197］盧家楣, 魏慶安, 李其維. 心理學——基礎理論及其教育應用［M］. 上海：上海人民出版社, 1998.

［198］丹尼爾·戈爾曼. 情感智商［M］. 上海：上海科學技術出版社, 1997.

英文參考文獻

［1］Walden, T. A, Smith, M. C. Emotion regulation［J］. Motivation and emotion, 1997（21）：7-22.

［2］Underwood, M. K. Top ten pressing questions about the development of emotion regulation［J］. Motivation and Emotion, 1997（21）：127-143.

［3］Lempers, J. D., Clark-Lempers, D. C. Young, middle and late adolescents comparisons of the functional importance of five significant relationships［J］. Journal and Adolescence, 1992（21）：53-96.

［4. Hartup, W. W., French, D. C., Laursen, B., Jahnston, M. K.,

Ogana, J. R. Conflict and friendship patterns in middle school childhood: Behavior in closed field situation [J]. Child Development, 1993 (64): 445-454.

[5] Underwood, M. K., Coie, J. D., Herbsman, C. R. Display rules for anger and aggression in school-aged children [J]. Child Development, 1992 (63): 366-380.

[6] Plutchik, R. Emotion: A psychoevolutionary synthesis [M]. New York: Harper & Row, 1980: 400.

[7] Diener, E. Subjective well-being [J]. Psychological Bulletin, 1984 (95): 542-575.

[8] Kavsek M. J., Seiffge-Krenkel. The difference of coping traits in adolescence [J]. International Journal Behavioral Development, 1996, 19 (3): 651-668.

[9] Maio G. R., Olstion J. M. Relations between values, attitudes and behavioral intentions: The moderating role of attitude function [J]. Journal of Experimental Social Psychology, 1995.

[10] Derogatis. L. R. How to use the Systom Distress Checklist (SCL-90) in clinical evaluations, Psychiatric Rating Scale, Vol Ⅲ. Self-Report Rating Scale, Hoffmann-La Roche Inc, 1975: 22-36.

[11] West J, Otte. C, Grher. K, et al. Effects of Hatha yoga and African dance on perceived stress, affect, salivery cortisol [J]. J Ann Behav Med, 2004, 28 (2): 114-118.

[12] Bandura A. Self-efficacy mechanism in physiological activation and health-promoting behavior [M] //J. Madden, IV. Neurobiology of learning, emotion and affect. New York: Raven, 1991: 229-270.

[13] Cioffi, D. Beyond attentional strategies: A cognitive-perceptual model of somatic intertation [J]. Psychological Bulletin, 1991: 25-41.

[14] Jou Y H, Fukada H. Stress and social supportinmental and physical health of Chinese students in Japan[J]. PsycholRep, 1997, 81(3): 1303-1312.

[15] Brody Leslie R. Chi！dren'5 emotiona attributions to themselves and others: A measure of children'5 defensiveness [J]. PaPer Presented at the Annual Convention of the American Psychojogical Association, 1983 (8), 26-30.

[16] Bennett M. Childen'5 self-attribution of embrrassment [J]. Brjtish Joumal of DeveloPment8I Psychology, 1989 (7): 202-217.

[17] Bar-on, R., Parker, J. D. A. Handbook of emotional intelligence: Theory, Development, Assessment and Application at Home, School and in the Workplace [M]. San Francisco, CA: Jossey-Bass, 2000.

[18] Daniel Goleman. Leadership that gets result [J]. Harvard Business Review, 2000.

[19] Goleman, D. Emotional Intelligence: Why It Can Matter More Than IQ [M]. New York: Bantam Books, 1995.

[20] Karen Van Der Zee, Melanie Thijs, Lolle Schakel. The Relationship of Emotional Intelligence with Academic Intelligence and the Big Five [J]. European Journal of Personality, 2002, 16: 103-125.

[21] Mayer, J. D., DiPaolo, M. T., Salovey, P. Perceiving affective content in ambiguous visual stimuli: A component of emotional intelligence [J]. Journal of Personality Assessment, 1990, 54: 772-781.

[22] Mayer, J. D., Salovey, P. The intelligence of emotional intelligence [J]. Intelligence, 1993 (4): 433-442.

[23] Mayer, J. D., Salovey, P. What is emotional intelligence? [M] //P. Salovey, D. Sluyter. Emotional Development and Emotional Intelligence: Implications for Educators . New York: Basic Books, 1997 : 3-31.

[24] Mayer, J. D., Salovey, P., Caruso, D. R., Sitarenios, G. Emotional intelligence as a standard intelligence [J]. Emotion, 2001 (1): 232-242.

[25] Steiger, J. H. Structural model evaluation and modification: An interval estimation approach [J]. Multivariate Behavioral Research, 1990, 25, 173-180.

[26] Thorndike, R. L. Intelligence and its uses [M]. Harper's Magazine, 1920, 140: 227-235.

[27] Mogg, K., Bradley, B. Selective Attention and Anxiety: A Cognitive-Motivational Perspective [M] //Dalgleish, 30 T. and Power, M. Handbook of Cognition and Emotion. Hoboken: John Wiley & Sons Ltd, 1999: 147-151.

[28] Carlson J. G., Hatfield, E. Psychology of Emotion [M]. New York: Harcourt Brace Jovanovich College Publishers, 1992: 91-96.

[29] Plutchick, R. Emotion: A psychoevolutionary synthesis [M]. New York: Harper & Row, 1980: 119-127, 160-165.

[30] Tomkins, S. S. Affect as the primary motivation system [M] //Arnold, M. Feeling and Emotion. New York: Academic Press, 1970.

附錄1　大學生情緒管理能力開放式問卷

親愛的同學：

　　你好！人非草木，孰能無情？每個人都會有各種各樣的情緒，如喜、怒、哀、樂、憂鬱、焦慮、恐懼、緊張等。請你盡可能詳細地描述你自己或身邊同學情緒發生的情境。你的回答將有助於我們採取一定的措施幫助你管理好你的情緒。謝謝你的填寫！

性別：　　　　　　年齡：　　　　　　年級：

1. 在個人情緒方面，你所遇到的困難有（請詳細列舉）。

2. 請描述你同學中在情緒方面把握得比較好的人及其代表性事件（同學姓名可用甲、乙、丙等代替）。

3. 請描述你同學中在情緒方面你覺得把握得比較差的人及其代表性事件（同學姓名可用甲、乙、丙等代替）。

附錄 2　大學生情緒管理能力問卷（初測卷）

親愛的同學：

你好！我們正在從事大學生的心理健康問題的研究，需要瞭解大學生的心理健康狀況，你的真實回答對提高我們研究的科學性非常重要。

請先填寫你的基本情況，然後仔細閱讀下面各題目，在符合你的選項數字上劃勾。你只能選擇一個答案，多選無效。你的回答是匿名的，無對錯之分，所以，你在回答這些題目時無需停留太長時間反覆考慮，憑自己的感覺回答即可。感謝你參與我們的研究！

西南大學發展與教育心理學課題組

學校：＿＿＿＿＿＿＿＿

性別：①男　②女

年級：①一　②二　③三　④四

專業：①文科　②理科

生源地：①農村　②中小城市　③大城市

	完全不符合	比較不符合	不確定	比較符合	完全符合
1. 當我煩躁的時候，常常會放點舒緩的音樂放松。	1	2	3	4	5
2. 當我遇到愉快的事情，能清楚地感受到自己被快樂包圍著。	1	2	3	4	5
3. 當我難過或傷心時，能覺察到自己頭暈或者胸口痛。	1	2	3	4	5
4. 在大多數情況下，我能保持樂觀、開朗和愉快的心境。	1	2	3	4	5
5. 心情不好時，我會穿上顏色鮮亮明朗的衣服來調節。	1	2	3	4	5

	完全不符合	比較不符合	不確定	比較符合	完全符合
6. 我的心情會因一連幾天下雨或陰天而產生影響。	5	4	3	2	1
7. 我雖然學習和生活不錯,卻常常心緒不佳。	5	4	3	2	1
8. 我能克服困難或失敗帶來的沮喪情緒。	1	2	3	4	5
9. 當我悲傷或焦慮時,能感覺到自己的食欲不振。	1	2	3	4	5
10. 當我發怒時,能感受到自己的面孔通紅發熱。	1	2	3	4	5
11. 我能感受到自己當眾發言時的緊張心情已逐漸降低。	1	2	3	4	5
12. 我有時會突然情緒失控,莫名其妙地發火。	5	4	3	2	1
13. 隨著期末考試日子的逐漸臨近,我能感受到自己越來越焦慮。	1	2	3	4	5
14. 我常常因為別人的微詞而耿耿於懷,悶悶不樂。	5	4	3	2	1
15. 當我遇到特別開心的事情,總會快樂地跳起來。	1	2	3	4	5
16. 當失敗或受挫後,我會長時間保持頹喪心情。	5	4	3	2	1
17. 我容易心煩意亂或覺得焦慮。	5	4	3	2	1
18. 我常常為一些小事心神不定,生氣難過。	5	4	3	2	1
19. 當我多慮時,我的睡眠質量會下降。	5	4	3	2	1
20. 我時常會在空曠的地方大聲吼叫以發泄自己的鬱悶情緒。	1	2	3	4	5
21. 我對任何事情都缺乏興趣,採取漠然視之的態度。	5	4	3	2	1
22. 當我遇到特別高興的事情,總想拉上好友去慶賀一番。	1	2	3	4	5
23. 當我被他人冤枉時,有時會大發雷霆。	5	4	3	2	1
24. 當我情緒低落的時候,常常會把自己的鬱悶之情寫出來。	1	2	3	4	5
25. 我喜歡通過旅遊或集郵等方式來疏導不良的情緒。	1	2	3	4	5
26. 同學說話冒犯了我,我會直接告訴他(她)我很生氣。	1	2	3	4	5
27. 當我很生氣的時候,會用捶打外物的方式來發泄。	1	2	3	4	5
28. 有時我會通過幻想自己遇到一個「白馬王子」或「白雪公主」來安慰自己在情感上的失落。	5	4	3	2	1

	完全不符合	比較不符合	不確定	比較符合	完全符合
29. 在飯菜裡發現異物，我會生氣地向廚師大呼小叫。	5	4	3	2	1
30. 當我憤怒的時候，會忍不住亂摔東西。	5	4	3	2	1
31. 看到同學學習特別好，我會因嫉妒而幻想他（她）倒霉。	5	4	3	2	1
32. 在外面受了氣，我會忍不住遷怒於身邊的人。	5	4	3	2	1
33. 向愛慕的人示好沒有得到回應，我會放棄對他（她）的追求。	5	4	3	2	1
34. 當我覺得空虛時，我會去圖書館或者書店看書。	1	2	3	4	5
35. 被他人惹怒後，我會禁不住拿公共設施出氣。	5	4	3	2	1
36. 我不得不在他人面前強顏歡笑，壓抑自己的情感。	5	4	3	2	1
37. 當情緒不佳時，我會常常想一些開心的事情來擺脫煩惱。	1	2	3	4	5
38. 當我被某人的言語傷害時，我會立即反唇相譏。	5	4	3	2	1
39. 當我寂寞時，我會到運動場上去揮汗。	1	2	3	4	5
40. 我對任何事情總喜歡朝壞的方面去想像，常常弄得自己莫名地情緒低落。	5	4	3	2	1
41. 我發言沒有得到老師的積極回應，就不會再主動發言。	5	4	3	2	1
42. 我時常向引起困難的人和事發脾氣。	5	4	3	2	1
43. 努力參加比賽或活動未得到名次，我通常不會再積極參加。	5	4	3	2	1
44. 當遭遇考試焦慮的時候，我常常會告誡自己「不要緊張」「一定會考出好成績。」	1	2	3	4	5
45. 當我休息而被他人無端干擾時，會婉言要求他人注意公德。	1	2	3	4	5
46. 當情緒不佳的時候，我會比較貪睡。	5	4	3	2	1
47. 我常常會掩飾自己的不良情緒，裝作什麼事都沒有發生。	5	4	3	2	1
48. 如果參加研究生入學考試不能如願，我會放棄再考。	5	4	3	2	1

	完全不符合	比較不符合	不確定	比較符合	完全符合
49. 我認為不表露或壓抑自己的情感是保護自己的最佳方法之一。	5	4	3	2	1
50. 我能控制自己無理的、不好的情緒衝動。	1	2	3	4	5
51. 如果我喜歡的人不喜歡我，我會採取合理的方式來獨自療傷。	1	2	3	4	5
52. 我會通過看電影來派遣內心的寂寞和孤獨。	1	2	3	4	5
53. 好友傷害了我，我會壓抑自己的情緒而委曲求全。	5	4	3	2	1
54. 當我覺得鬱悶難遣時，我喜歡抽悶菸。	5	4	3	2	1
55. 當我情緒不好的時候，我常常會暗自神傷，獨自落淚。	5	4	3	2	1
56. 由於自身和客觀的原因而使自己做錯事，我不會感到自責。	1	2	3	4	5
57. 當心情特別糟糕時，我通常會去喝酒。	5	4	3	2	1
58. 我常常不能克制自己的情緒以平息與他人的衝突。	5	4	3	2	1
59. 室友無緣無故地向我發火，我想他（她）可能是遇事不順，因而不會計較。	1	2	3	4	5
60. 我常常以「六十分萬歲，多一分浪費」來安慰自己沒有取得好成績。	5	4	3	2	1
61. 當我被惹怒時，我會強忍住怒火壓抑自己。	5	4	3	2	1
62. 心情不好的時候，我會去逛街購物買一堆不需要的東西。	5	4	3	2	1
63. 因為自身原因沒能辦好一件事，我會感到特別難過。	1	2	3	4	5
64. 由於客觀原因使自己的學習成績不理想，我通常不會感到內疚。	1	2	3	4	5
65. 當我發現自己情緒鬱悶時，會主動找生性樂觀的朋友玩。	1	2	3	4	5
66. 雖然朋友說話冒犯了我，但我能克制反擊的衝動冷靜對待。	1	2	3	4	5
67. 遇到不愉快的事情，我會打電話跟父母說說以得到他們的安慰。	1	2	3	4	5

	完全不符合	比較不符合	不確定	比較符合	完全符合
68. 我經常通過體育鍛煉的方式來改變自己不如意的身材。	1	2	3	4	5
69. 一有擔心所慮的事發生，便縈繞在心而不能派遣。	5	4	3	2	1
70. 我能夠強忍怒火與激怒我的人心平氣和地交換意見。	1	2	3	4	5
71. 向一個優秀的人表白而被拒絕，我會適當降低戀愛標準。	1	2	3	4	5
72. 與父母發生矛盾衝突後，我會等父母氣消了，再和他們交談。	1	2	3	4	5
73. 我很少因為感情用事而喪失冷靜或理智（理智化）	1	2	3	4	5
74. 同學說話傷害了我，我會尋找適當機會跟他（她）交流。	1	2	3	4	5
75. 我常常以成功者作為自己的學習榜樣，以此來幫助自己克服所遇到的困難和挫折。	1	2	3	4	5
76. 當人際交往出現苦惱時，我會查閱相關書籍以求改善。	1	2	3	4	5
77. 英語等級考試沒達到既定目標，下次考試我會降低期待。	5	4	3	2	1
78. 當我情緒消沉時，常常會在網上找朋友聊天。	1	2	3	4	5
79. 貴重物品被盜，我會以「舊的不去，新的不來」來安慰自己。	1	2	3	4	5
80. 期末考試輕松過關，於是決定下次要努力爭取得獎學金。	1	2	3	4	5
81. 我喜歡在明媚的陽光下，釋放自己的鬱悶心情。	1	2	3	4	5
82. 我凡事根據當時的心境做決斷。	5	4	3	2	1
83. 當遭遇挫敗的時候，我會看心理勵志方面的書籍來鼓勵自己。	1	2	3	4	5
84. 比賽沒有獲得好名次，我會認真分析自己的不足，爭取下次成功。	1	2	3	4	5
85. 我常常糾纏於一些不好的心理暗示中，使自己的情緒越發糟糕。	5	4	3	2	1

	完全不符合	比較不符合	不確定	比較符合	完全符合
86. 不小心打碎心愛的東西，我會對自己說「碎碎平安」。	1	2	3	4	5
87. 在就業困難的新形勢下，我會調整自己的擇業觀念。	1	2	3	4	5
88. 競爭失敗以後，我常常會說「勝敗乃兵家常事」，以化解不良情緒。	1	2	3	4	5
89. 我常常會總結學習成績不佳的原因，加倍努力爭取好成績。	1	2	3	4	5
90. 當我失敗的時候，常常會鼓勵自己堅持，不要輕易放棄。	1	2	3	4	5
91. 不滿情緒一旦宣洩，我便立即恢復常態，積極投入於生活和學習中。	1	2	3	4	5
92. 我會盡量躲避使自己產生不良情緒的情境，以免自己觸景生情。	1	2	3	4	5
93. 戀人向我提出分手，我會化悲痛為力量，把精力投入到學習中。	1	2	3	4	5
94. 我常常會找知心朋友傾訴內心的苦惱。	1	2	3	4	5
95. 我覺得像校園的情侶那樣談戀愛，不失為減少孤獨和寂寞的好方法。	5	4	3	2	1
96. 我會去找輔導員聊聊心中的苦悶，以取得他（她）的開導幫助。	1	2	3	4	5
97. 去寺廟我會逢佛必拜，這讓我內心安寧平和。	1	2	3	4	5
98. 看見考試成績更差的同學都無所謂的時候，我就覺得沒必要為考試成績不佳沮喪。	5	4	3	2	1
99. 當情緒特別糟糕且無法控制的時，我會去心理諮詢以求得幫助。	1	2	3	4	5
100. 每逢重大事情發生前，我會祈禱一切順利以消除緊張和焦慮。	1	2	3	4	5
101. 當得到獎勵和表揚，我會情不自禁地在同學面前流露出得意洋洋的情緒。	5	4	3	2	1
102. 我喜歡護身符一類的東西，因為它可以為我消災避難。	1	2	3	4	5
103. 看見身邊許多人為考研做準備，我也振奮精神規劃自己的前途。	1	2	3	4	5

附錄 3　大學生情緒管理能力問卷（正式卷）

親愛的同學：

　　你好！我們正在從事大學生的心理健康問題的研究，需要瞭解大學生的心理狀況，你的真實回答對提高我們研究的科學性非常重要。

　　請先填寫你的基本情況，然後仔細閱讀下面各題目，在符合你的方框內劃勾。第一個方框代表「完全不符合」，第二個方框代表「比較不符合」，第三個方框代表「不確定」，第四個方框代表「比較符合」，第五個方框代表「完全符合」。你只能選擇一個答案，多選無效。你的回答是匿名的，無對錯之分，所以，你在回答這些題目時無需停留太長時間反覆考慮，憑自己的感覺回答即可。感謝你參與我們的研究！

西南大學發展與教育心理學課題組

　　學校：＿＿＿＿＿＿＿＿

性別：①男　②女

年級：①一　②二　③三　④四

專業：①文科　②理科

生源地：①農村　②中小城市　③大城市

性格：　①非常外向　②較外向　③說不清　④較內向　⑤非常內向

健康狀況：①多病　②易生病　③一般　④較好　⑤很好

體育鍛煉：①很少　②偶爾　③說不準　④經常　⑤每天

好朋友有：①0個　②1~2個　③3~4個　④5~6個　⑤7個以上

興趣愛好：①沒有　②較少　③一般　④較多　⑤多

參與各類活動：①從不　②較少　③一般　④較多　⑤多

	完全不符合	比較不符合	不確定	比較符合	完全符合
1. 當我遇到愉快的事情，能清楚地感受到自己被快樂包圍著。	1	2	3	4	5
2. 在大多數情況下，我能保持樂觀、開朗和愉快的心境。	1	2	3	4	5
3. 我能克服困難或失敗帶來的沮喪情緒。	1	2	3	4	5
4. 期末考試輕鬆過關，於是決定下次要努力爭取得獎學金。	1	2	3	4	5
5. 比賽沒有獲得好名次，我會認真分析自己的不足，爭取下次成功。	1	2	3	4	5
6. 當我失敗的時候，常常會鼓勵自己堅持，不要輕易放棄。	1	2	3	4	5
7. 我會盡量躲避使自己產生不良情緒的情境，以免自己觸景生情。	1	2	3	4	5
8. 戀人向我提出分手，我會化悲痛為力量，把精力投入到學習中。	1	2	3	4	5
9. 看到同學學習特別好，我會因嫉妒而幻想他（她）倒霉。	5	4	3	2	1
10. 在外面受了氣，我會忍不住遷怒於身邊的人。	5	4	3	2	1
11. 被他人惹怒後，我會禁不住拿公共設施出氣。	5	4	3	2	1
12. 在飯菜裡發現異物，我會生氣地向廚師大呼小叫。	5	4	3	2	1
13. 當我憤怒的時候，會忍不住亂摔東西。	5	4	3	2	1
14. 我時常向引起困難的人和事發脾氣。	5	4	3	2	1
15. 當我覺得鬱悶難遣時，我喜歡抽悶菸。	5	4	3	2	1
16. 當心情特別糟糕時，我通常會去喝酒。	5	4	3	2	1
17. 我常常不能克制自己的情緒以平息與他人的衝突。	5	4	3	2	1
18. 心情不好的時候，我會去逛街購物買一堆不需要的東西。	5	4	3	2	1
19. 我常常以「六十分萬歲，多一分浪費」來安慰自己沒有取得好成績。	5	4	3	2	1
20. 看見考試成績更差的同學都無所謂的時候，我就覺得沒必要為考試成績不佳沮喪。	5	4	3	2	1

	完全不符合	比較不符合	不確定	比較符合	完全符合
21. 每逢重大事情發生前，我會祈禱一切順利以消除緊張和焦慮。	1	2	3	4	5
22. 我常常會找知心朋友傾訴內心的苦惱。	1	2	3	4	5
23. 遇到不愉快的事情，我會打電話跟父母說說以得到他們的安慰。	1	2	3	4	5
24. 當我遇到特別高興的事情，總想拉上好友去慶賀一番。	1	2	3	4	5
25. 當我遇到特別開心的事情，總會快樂地跳起來。	1	2	3	4	5
26. 當失敗或受挫後，我會長時間保持頹喪心情。	5	4	3	2	1
27. 我容易心煩意亂或覺得焦慮。	5	4	3	2	1
28. 我常常為一些小事心神不定，生氣難過。	5	4	3	2	1
29. 我對任何事情總喜歡朝壞的方面去想像，常常弄得自己莫名地情緒低落。	5	4	3	2	1
30. 好友傷害了我，我會壓抑自己的情緒而委曲求全。	5	4	3	2	1
31. 我常常糾纏於一些不好的心理暗示中，使自己的情緒越發糟糕。	5	4	3	2	1
32. 當我情緒低落的時候，會把自己的鬱悶之情寫出來。	1	2	3	4	5
33. 我常常以成功者作為自己的學習榜樣，以此來幫助自己克服所遇到的困難和挫折。	1	2	3	4	5
34. 當人際交往出現苦惱時，我會查閱相關書籍以求改善。	1	2	3	4	5
35. 與父母發生矛盾衝突後，我會等父母氣消了，再和他們交談。	1	2	3	4	5
36. 當我發現自己情緒鬱悶時，會主動找生性樂觀的朋友玩。	1	2	3	4	5
37. 一有擔心所慮的事發生，便縈繞在心而不能派遣。	5	4	3	2	1
38. 當遭遇挫敗的時候，我會看心理勵志方面的書籍來鼓勵自己。	1	2	3	4	5

附錄 4　SCL-90 症狀自評量表

下表列出了有些人可能會有的症狀，請仔細閱讀每一條，然後根據最近一週來自己的實際感覺，按照症狀選擇最符合您的一種情況，在符合的選項方框內打勾。

	沒有	較輕	中度	較重	嚴重
1. 頭痛	1	2	3	4	5
2. 神經過敏，心中不踏實	1	2	3	4	5
3. 頭腦中有不必要的想法或字句盤旋	1	2	3	4	5
4. 頭昏或昏倒	1	2	3	4	5
5. 對異性的興趣減退	1	2	3	4	5
6. 對旁人責備求全	1	2	3	4	5
7. 感到別人能控制您的思想	1	2	3	4	5
8. 責怪別人製造麻煩	1	2	3	4	5
9. 忘性大	1	2	3	4	5
10. 擔心自己是否衣飾整齊及儀態是否端正	1	2	3	4	5
11. 容易煩惱和激動	1	2	3	4	5
12. 胸痛	1	2	3	4	5
13. 害怕空曠的場所或街道	1	2	3	4	5
14. 感到自己的精力下降，活動減少	1	2	3	4	5
15. 想結束自己的生命	1	2	3	4	5
16. 聽到旁人聽不到的聲音	1	2	3	4	5
17. 發抖	1	2	3	4	5
18. 感到大多數人都不可信任	1	2	3	4	5

	沒有	較輕	中度	較重	嚴重
19. 胃口不好	1	2	3	4	5
20. 容易哭泣	1	2	3	4	5
21. 同異性相處時感到害羞不自在	1	2	3	4	5
22. 感到受騙、中了圈套或有人想抓住您	1	2	3	4	5
23. 無緣無故地突然感到害怕	1	2	3	4	5
24. 自己不能控制地大發脾氣	1	2	3	4	5
25. 怕單獨出門	1	2	3	4	5
26. 經常責怪自己	1	2	3	4	5
27. 腰痛	1	2	3	4	5
28. 感到難以完成任務	1	2	3	4	5
29. 感到孤獨	1	2	3	4	5
30. 感到苦悶	1	2	3	4	5
31. 過分擔憂	1	2	3	4	5
32. 對事物不感興趣	1	2	3	4	5
33. 感到害怕	1	2	3	4	5
34. 您的感情容易受到傷害	1	2	3	4	5
35. 旁人能知道您的私下想法	1	2	3	4	5
36. 感到別人不理解您、不同情您	1	2	3	4	5
37. 感到大學生對您不友好、不喜歡您	1	2	3	4	5
38. 做事必須做得很慢以保證做得正確	1	2	3	4	5
39. 心跳得很厲害	1	2	3	4	5
40. 噁心或胃部不舒服	1	2	3	4	5
41. 感到比不上他人	1	2	3	4	5
42. 肌肉酸痛	1	2	3	4	5
43. 感到有人在監視您、談論您	1	2	3	4	5
44. 難以入睡	1	2	3	4	5
45. 做事必須反覆檢查	1	2	3	4	5
46. 難以作出決定	1	2	3	4	5

	沒有	較輕	中度	較重	嚴重
47. 怕乘電車、公共汽車、地鐵或火車	1	2	3	4	5
48. 呼吸有困難	1	2	3	4	5
49. 一陣陣發冷或發熱	1	2	3	4	5
50. 因為感到害怕而避開某些東西、場合或活動	1	2	3	4	5
51. 腦子變空了	1	2	3	4	5
52. 身體發麻或刺痛	1	2	3	4	5
53. 喉嚨有哽塞感	1	2	3	4	5
54. 感到沒有前途、沒有希望	1	2	3	4	5
55. 不能集中注意	1	2	3	4	5
56. 感到身體的某一部分軟弱無力	1	2	3	4	5
57. 感到緊張或容易緊張	1	2	3	4	5
58. 感到手或腳發重	1	2	3	4	5
59. 想到死亡的事	1	2	3	4	5
60. 吃得太多	1	2	3	4	5
61. 當別人看著您或談論您時感到不在	1	2	3	4	5
62. 有一些不屬於您自己的想法	1	2	3	4	5
63. 有想打人或傷害他人的衝動	1	2	3	4	5
64. 醒得太早	1	2	3	4	5
65. 必須反覆洗手、點數目或觸摸某些東西	1	2	3	4	5
66. 睡得不穩不深	1	2	3	4	5
67. 有想摔壞或破壞東西的衝動	1	2	3	4	5
68. 有一些別人沒有的想法或念頭	1	2	3	4	5
69. 感到對別人神經過敏	1	2	3	4	5
70. 在商店或電影院等人多的地方感到不自在	1	2	3	4	5
71. 感到任何事情都很困難	1	2	3	4	5
72. 一陣陣恐懼或驚恐	1	2	3	4	5
73. 感到在公共場合吃東西很不舒服	1	2	3	4	5
74. 常與人爭論	1	2	3	4	5

	沒有	較輕	中度	較重	嚴重
75. 獨自一人時神經很緊張	1	2	3	4	5
76. 別人對您的成績沒有作出恰當的評價	1	2	3	4	5
77. 即使和別人在一起也感到孤單	1	2	3	4	5
78. 感到坐立不安、心神不定	1	2	3	4	5
79. 感到自己沒有什麼價值	1	2	3	4	5
80. 感到熟悉的東西變成陌生或不像是真的	1	2	3	4	5
81. 大叫或摔東西	1	2	3	4	5
82. 害怕會在公共場合昏倒	1	2	3	4	5
83. 感到別人想占您的便宜	1	2	3	4	5
84. 為一些有關「性」的想法而很苦惱	1	2	3	4	5
85. 您認為應該因為自己的過錯而受到懲罰	1	2	3	4	5
86. 感到要趕快把事情做完	1	2	3	4	5
87. 感到自己的身體有嚴重問題	1	2	3	4	5
88. 從未感到和其他人很親近	1	2	3	4	5
89. 感到自己有罪	1	2	3	4	5
90. 感到自己的腦子有毛病	1	2	3	4	5

再次感謝您的合作!

後　記

　　對情緒話題的關注最初始於對自我管理能力的關注，當時正值學生時代，十分向往一種高度自制的生活。而後覺得自我管理的概念過於寬泛，隨後將關注的焦點縮小至情緒管理。

　　當沉浸在情緒管理的海洋中後，原本自然而然發生的情緒變得豐富和立體起來，這種感覺非常奇妙，你就像庖丁一樣解剖自己和身邊人的情緒。「馬路上很堵車，我很焦躁；是的，此刻我的確是負性的情緒狀態，因為目前的堵車情境與我的目標相背離；我的情緒強度還比較大，因為我要趕著去參加一個聚會，這個聚會很重要。」此處我用情緒管理知識分析了自己當前情緒狀態中的向性和強度兩個維度，它們分別是與目標方向的吻合度和該目標的重要程度。接著我用情緒管理策略對自己的情緒進行管理：「是的，此刻我很焦躁，雖然這種情緒的產生很合理，但是一直處於這種情緒總歸是不好的，我可以打開音樂，聽聽我喜歡的歌曲，說不定是另一種別樣的感覺呢，或者在這個時間段給許久沒有聯絡的老朋友打個電話敘敘舊也挺好的呢；如果我一直這樣焦躁，一會就算趕到聚會，相信對聚會的心情也不太有利，所以，不要焦慮啦；再說了，很久沒有在車流量高峰期出行了，這次堵得最厲害，也算是體驗一把本城市的堵車生活吧；不行，這個堵車貌似太久了，我是不是應該考慮下換乘軌道交通呢？」從以上情緒管理的過程，可以看出，首先是承認當前的情緒，承認它的合理性，不要刻意拿道德制高點的超我標準作為尺子衡量自己，悅納此刻的自己，然後可以轉移注意力，或者尋求社會支持力量的幫助，接著從認知上改變當前對情緒源事件的評價，或者對已經造成危害的事件進行補救。

　　其實寫這樣一本情緒管理與大學生心理健康的書的目的就是這樣的：希望讀者能夠從書中獲得知識，得到啟發，提高自我意識覺醒程度，觀察自己或他人的情緒，指導自己或他人的情緒管理。當這種最初的指導模式不斷被重複，並得到學業、事業、愛情等方面的獎賞後，它就會在正強化的作用下固化下來

成為一種自動化的條件反射。某個階段後，當你再次遇到類似的情緒問題時，你不需要檢索你的情緒管理知識庫，而是自動生成情緒問題解決方案。甚至有可能你遇到情緒問題的機會會越來越少，因為你的情緒管理層面已經從過程中管理或者過程後管理升華到過程前管理的層面了。這樣，對於作為有限生命的個體而言，有了情緒管理後的他必將體驗到更多的快樂；對於作為由個體構成的組織而言，有了情緒管理後的集體必將是朝氣蓬勃、團結共生的；對於由個體和組織構成的社會而言，有了情緒管理後的社會必將是和諧文明的。因此,有效的情緒管理於己、於人、於組織、於社會，都是極好的。

居里夫人說，所有在科學知識上有所發現的人，對於揭示大自然的秘密來說，也不過是人類知識寶庫中的一粒砂子；余秋雨先生說，區區如我，畢生能做的，至多也是一枚帶有某種文明光澤的碎片罷了。時常感嘆我輩如滄海一粟，因此如果本書能夠幫助讀者能達到以上個體或組織層面的目標，我將深感欣慰。

儘管得益於多方面的幫助，但限於時間與能力，本書難免有許多不足之處，有些參考文獻可能未盡列出，深感抱歉。敬請同行專家、各位讀者批評指正！

本書的出版得到重慶工商大學學工部的大力支持，在此特別鳴謝！

再次衷心地感謝所有幫助過我的人們，感謝培育我進一步成長的西南大學！

王飛飛

國家圖書館出版品預行編目(CIP)資料

大學生情緒管理能力與心理健康 ／ 王飛飛 著. -- 第一版.
-- 臺北市：崧燁文化，2018.08

　面；　公分

ISBN 978-957-681-379-5(平裝)

1.大學生 2.情緒管理 3.心理衛生

525.619　　　　　　　107011652

書　名：大學生情緒管理能力與心理健康
作　者：王飛飛 著
發行人：黃振庭
出版者：崧燁文化事業有限公司
發行者：崧燁文化事業有限公司
E-mail：sonbookservice@gmail.com
粉絲頁　　　　　　　網　址：
地　址：台北市中正區重慶南路一段六十一號八樓815室
8F.-815, No.61, Sec. 1, Chongqing S. Rd., Zhongzheng Dist., Taipei City 100, Taiwan (R.O.C.)
電　話：(02)2370-3310　傳　真：(02) 2370-3210
總經銷：紅螞蟻圖書有限公司
地　址：台北市內湖區舊宗路二段121巷19號
電　話：02-2795-3656　　傳真：02-2795-4100　網址：
印　刷：京峯彩色印刷有限公司（京峰數位）

　　本書版權為西南財經大學出版社所有授權崧博出版事業股份有限公司獨家發行電子書繁體字版。若有其他相關權利需授權請與西南財經大學出版社聯繫，經本公司授權後方得行使相關權利。

定價：300 元
發行日期：2018 年 8 月第一版
◎ 本書以POD印製發行